中华血脉——长城文学艺术

诗歌

孙志升 编著

燕山大学出版社

2019·秦皇岛

图书在版编目（CIP）数据

长城诗歌 / 孙志升编著．—2 版．—秦皇岛：燕山大学出版社，2019．4
（中华血脉•长城文学艺术）
ISBN 978-7-81142-781-3

Ⅰ．①长… Ⅱ．①孙… Ⅲ．①诗集—中国 Ⅳ．① I22

中国版本图书馆 CIP 数据核字（2019）第 047827 号

长城诗歌

孙志升 编著

出 版 人：陈 玉
总 策 划：陈 玉
策划编辑：裴立超 杨春茹 唐 雷　　版式设计：赵中极
责任编辑：朱红波 王海平 孙志强　　美术统筹：吴 波
出版发行：燕山大学出版社 YANSHAN UNIVERSITY PRESS
地　　址：河北省秦皇岛市河北大街西段 438 号
邮政编码：066004
电　　话：0335-8387555
印　　刷：秦皇岛墨缘彩印有限公司
经　　销：全国新华书店

开　　本：889mm×1194mm 1/16　　印　　张：17.75　　字　　数：456 千字
版　　次：2019 年 4 月第 2 版　　印　　次：2019 年 4 月第 1 次印刷
书　　号：ISBN 978-7-81142-781-3
定　　价：142.00 元

出版者语

今天中国对世界的影响绝不仅仅体现在经济方面，更重要的还有秉持源自一种悠久伟大文明的自信，致力于构建未来的梦想和雄心。越是接近世界舞台的中央，中国人越是迫切希望向宏大而深远的中国历史文化寻求精神养分，思考从哪里来，向何处去。

中国历史文化的典型象征——长城，像一条世代绵延的根脉，贯穿在炎黄后裔的血管中，它以世界体量最大的文物遗址隐喻着文明认同感、国家归属感以及对统一的执着，成为中国历史与观念的活生生的例证，历千百年仍然与当代华夏子孙息息相关。

长城与统一的、多民族的文明中国几乎同时诞生，见证了中华文明的延续性。两千多年，中国人始终生活在大体一致的稳定疆域内，纵然历尽波折，文明却持续至今。秦汉以降波澜壮阔的中国历史进程中，绵亘在中国北方大地上的长城从未缺席，它以拒绝征服但从不拒绝交流的庄严姿态，保卫和平，保护文明，勾勒出民族的地理和心理防线。“上下二千年,纵横十万里”的中国长城，被公认为人类社会现存最为宏伟的历史文化遗产。长城的壮美形象，早已被视为中国的象征；长城所代表的文明，堪称华夏子孙共有的“胎记”；以长城为主题、为符号的文学艺术，成为独一无二的千古绝唱。

我们策划出版这套《中华血脉——长城文学艺术》图书的初衷，就在于希望让更多读者共同响应长城深厚历史文化魅力的感召。

长城作为一个宏大工程，举世绝无仅有，显示着人的本质力量。中国长城始建于2500年前的春秋战国时期，起初是各诸侯国在各自领地上修筑的军事防御工程，秦始皇于公元前221年统一中国后，拆除了六国互防长城，并号令大将军蒙恬“将三十万众，北逐戎狄，收河南，筑长城，因地形，用险制塞，起临洮，至辽东，延袤万余里”（《史记•蒙恬列传》）。从此诞生了中国历史上第一条万里长城，它是在原秦国、赵国及燕国的北方长城的基础上扩充修筑的，目的和作用是防御匈奴和东胡少数民族奴隶主率众南掠。从此以后，汉族统治者建立的汉朝、隋朝和明朝，以及其他入主中原的少数民族统治者建立的北魏、北齐、北周及辽、金各朝，都曾大规模地修筑或增建过长城，其中，汉朝的长城、亭障、烽燧长达两万里，明朝万里长城则至今仍向世界展示着中国长城的壮美风貌与中国长城防御工程技术的最高水平。长城专家做过的粗略统计表明，中国各朝代修筑长城的总长度当在10万里以上，若用修筑长城的砖、石、土来修筑一道高5米、厚1米的大墙，那么这道大墙可环绕地球十几圈。不仅如此，长城严密的军事防御布局，“因地形，用险制塞”的科学设防，烽火相望、顷刻千里的报警联络系统，因地制宜、就地取材的多种建筑材料，多样结构与艺术的营造方法，以及亿万人民历经千百年付出的艰巨劳动和无数牺牲，无不令人惊叹。

长城作为一个艺术宝库，孕育了无数壮丽优美的诗篇，产生了无数动人心弦的故事；长城身上凝结着中国历代各族人民的智慧，是联结中华各民族的神圣纽带，雄辩地展现了中国多民族形成发展的历史进展……可以说，长城像一部中国两千多年文明史的百科全书，包蕴着众多的已知和未知的内容。

长城作为历史遗迹所言说的文明进程，极大地开阔了文学艺术的历史视野，形成了千百年相对统一的总主题——爱国主义和人文精神，凝练了相对稳定的总风格——悲壮与豪迈。

自万里长城构筑的那天起，反映在文化上的格调便是无比的悲壮："生男慎勿举，生女哺用脯。不见长城下，尸骸相支拄。"这是秦朝的歌谣，据《汉书》："长城之歌，至今不绝"，这首歌谣在300年后的文人诗中又得到了反映，东汉末建安诗人陈琳在那首著名的《饮马长城窟行》一诗中再次唱道"生男慎莫举，生女哺用脯。君不见长城下，死人骸骨相撑拄"。此后，不仅是长城诗文创作方面有此一脉相承的传统，而且以最为深入人心地流传了千余年的孟姜女民间故事为内容的诗歌、曲艺、戏剧、传说、民间艺术以及近现代的电影、歌曲等，也都显现了这种悲壮。催人泪下的孟姜女的故事有许多种，但都保留有"千里送寒衣"和"哭长城"的情节。有人把这种悲壮视为人民对长城的否定，这无疑是失之肤浅的。其实，正是这种悲壮，深刻地揭示和反映了两千多年来中华民族在修筑长城时所付出的举世无双的牺牲。

《汉书》记载："遣蒙恬，筑长城，东西数千里，暴兵露师，常数十万，死者不可胜数，僵尸盈野，流血千里。"《淮南子·人间训》记叙："秦发卒五十万，使蒙公杨翁子将筑修城……道路死者以沟量。"《隋书》也记载，隋炀帝大业三年（607年）"发丁男百余万筑长城，西至榆林，东至紫河，一旬而罢，死者十五六"。历代封建王朝（包括少数民族建立的王朝）修筑长城时的死亡人数，是多得无法计算的。唐末诗人贯休和尚讲"筑人筑土一万里"，并非夸大之词。

正因为如此，长城筑造者的子孙后代才对长城永远怀有一种发自心灵深处、带着遥远记忆的尊崇情感。这种情感，正是凝聚长城文化总主题的源泉，它像地火，平时在大地深处静静流淌，默默沉蓄，一旦到了关系国家民族生死存亡的关键时刻（比如全民族的抗日战争），它就会爆发、冲腾，形成燎原烈火，呼唤着每个有热血的中国人，"把我们的血肉，筑成我们新的长城"，去保卫家园，保卫国土，保卫光荣神圣的中华民族，激发出最强烈的爱国主义情绪，干出惊天地、泣鬼神的英雄业绩。

尽管历史上人们对长城的国防作用有兴有怨，但这恰恰从正反两面强调了长城文化的总主题：一个方面，肯定正义，反对侵略，向往和平；另一个方面，批判暴政，颂扬德政，赞美生命。两者统一于那雄浑绵长、厚德载物的中华人文精神。这我们可以从两位唐朝诗人的针锋相对的同题诗中窥见一斑，一首是汪遵写的《长城》："秦筑长城比铁牢，蕃戎不敢过临洮。虽然万里连云际，争及尧阶三尺高。"另一首是褚载的《长城》："秦筑长城比铁牢，蕃戎不敢过临洮。焉知万里连云际，不及尧阶三尺高？"

"中国最伟大的美术，最壮丽的美，莫过于长城。"现代美学家、诗人宗白华翻译了19世纪德国考古学家希里曼1863年发表的《我到长城的旅行》一文，文中说："我曾经从爪哇岛火山的高峰上，从加利福尼亚的西拉利瓦达的山顶上，从印度喜马拉雅山的顶上，从南美洲的哥地乃的高原上见到过闳丽壮伟的景象，但是永远不能和我现在眼前展开的这一幅美丽奇伟的画幅相比拟。……长城不可争辩地是人类的双手所创造的最奇伟的作品。它是过去的伟大所留的纪念碑。"

长城之所以壮美，源于它使人回望宏阔历史，源于它是千万人所集体创造的美，它唤起人们对故国祖先的思念，关乎民族的自我激励，传承壮阔豪迈的中国性格。

长城所负载的历史信息既有鲜明的民族特性，又深深植根于人类追求真善美的共性厚土之中。正如1964年国际古迹遗址理事会通过的《威尼斯宪章》指出的那样："人们越来越意识到人类价值的统一性。"长城的文化价值正在被国际上越来越多的人所认识、理解和认同。

我们这套《中华血脉——长城文学艺术》所称的长城文学艺术，是指以长城为题材、主题或主要意象而创作的文学艺术作品。这套图书的作者们秉持虔诚的态度，从汗牛充栋的长城文学艺术作品中展开搜集、汇编、整理、评介，呈现在读者面前的目前是四个分册，它们是《长城诗歌》《长城传说》《长城戏曲》《长城小说》。它们将长城作为一条红线，借助文学艺术的不同形式，从四个不同角度引导读者领略文学艺术之美，再现中国历史的风云际会。

我们怀拳拳之意，唯愿以此书之名结交书友。凡书中引介的作品，我们均标明了作者与来源；使用的历史资料图片基本来自公共资源；使用的当代摄影作品除已获作者许可及已加标注的以外，或有一二作品因条件所限未能逐一溯及准确信息，如蒙见教，我们愿尽己义务，志诚以待。

谨以此书，致敬启示人们从历史中重生的悠悠长城！

序

长城不仅是人类创造的伟大建筑奇迹，而且与中国统一的、多民族国家的形成和中华文明的延续有着至关重要的密切联系，它已成为中华民族的象征、中华民族精神的象征。自1984年邓小平、习仲勋等老一辈领导人发出“爱我中华、修我长城”的号召三十多年来，以中国长城学会为龙头的专门组织和广大长城研究者开展了艰苦的长城研究，为保护长城、宣传长城提供了重要的支持，一批成果的公开出版更成为传播长城文化、弘扬以长城为象征的民族精神、凝聚中华民族伟大复兴力量的重要途径。

燕山大学出版社这套《中华血脉——长城文学艺术》图书颇具规模，比较全面地收集、整理、汇编、介绍了自长城修筑至今大约2000年来我国历代人民以长城为主题或意象创作出来的各类文学艺术作品，涵盖了诗歌、传说、戏曲、小说、美术等丰富的体裁门类。因其全面，足以使普通读者乃至专门研究长城的人读后对长城所衍生的文学艺术精华尽观全豹。这是此套书的第一个优点。

生动可读是这套书的第二个突出优点，全书行文、排版明白晓畅，引人兴味，足以令过去不了解这些的人们一经捧起便手不释卷，一览为快，从此爱上长城的历史和文化，从此成为保护长城、传承长城文化的同路人。这在长城题材图书中是别具一格、比较鲜见的。

另外，这套书的编著者大多同时也是刚刚出版的迄今为止唯一综合大型长城志书《中国长城志》中“文学艺术卷”的主要编著者，他们的专业程度在国内首屈一指。

因此，这套图书具有不可替代的重要出版价值，为长城文学艺术搭起了传播平台。

四十年来我以长城保护和研究为志向，最大的梦想就是通过大家的共同努力，构建起保护长城的这道“长城”，让长城能更长久地传承下去，能为我们今天的人提供文化社会服务，同时也能把我们祖先创造的这样一个伟大的文化遗产给后世传承下去。这条保护长城的“长城”一定是要充分动员各种社会力量积极地参与进来的。燕山大学出版社策划出版这套图书，呼应了国内外广大长城守望者的需求，对于推动长城所代表的中国历史和文化代代相传具有深远的意义，无论从何种角度来讲，书的社会效益都是正能量的、激励国人的，并且随着时间的推移，将会愈加显现出来。

我和中国长城学会热情支持这套图书的出版工作，愿意共同扩大其影响，帮助它走近越来越多的读者。

中国长城学会常务副会长

董耀会

2019年2月

导言：大美长城诗

在那里，大漠荒凉广袤，边塞遥不可及；在那里，帝王令出如山，将军忠心不贰；在那里，月黑风高之夜前来偷袭的单于时常出没，入夜在呜咽笛声中睡去的戍守士兵梦回家乡……长城诗，是汇入中国诗歌长河的一道独特的河流。

今天的读者们，常常对于这样一个事实感到惊奇不解：为什么，自从秦汉发端，经隋唐五代，至宋元明清，历经数十个世纪，仅有名有姓者就不下千人写下的数不胜数的长城诗章简册——它们为之咏唱描画、为之嗟叹感伤、为之壮怀激烈的事物和情感，竟是如此相似？

中国传统知识分子的天下情怀，使这道见证千年兴衰的大墙，成为母题，牢牢占据着中国诗歌的一类题材。发思古之幽情，历史感、沧桑感成为固定的起笔；立讽今之主旨，追记群雄逐鹿、反思为政之道成为不变的落点。

古往今来，任辞藻千变万化，说不尽的长城，赋比兴的后面，是诗人共同的忧患意识，他们无不希望通过自己的努力去改造社会。长城诗，因而成为在历史的沉思中立心、立命、内圣、外王的儒家品格的典型载体。

长城承载着中国悠久的历史，长城诗彰显了中国历史的波澜壮阔。长城诗指的是有关长城的诗词作品，有广义和狭义之分。广义的长城诗指内容涉及长城、长城关塞及长城故事的诗词作品，狭义的长城诗指诗作题目就是长城、长城关塞及长城故事的。从广义的角度来看，由于中国古代北方的征战多发生在长城沿线，很多边塞诗和战争诗都可视为长城诗，它们之间很难划出明确的界限。正因为如此，人们在讲长城诗的时候，主要是从狭义的角度谈的，即指那些诗题即为长城、长城关隘、长城风景，以及内容是专门描写长城的修筑等相关故事的诗篇。一些出现“长城”一词或其代指称谓，内容反映长城边关情况及由此生发各种感念的诗作，也被视作长城诗。

自有长城以来，就有关于长城的诗歌出现，秦代歌谣“生男慎勿举，生女哺用脯；不见长城下，尸骸相支拄”是目前可以见到的最早的长城诗，而自汉以降，长城诗更是绵绵不断地产生。在中国的诗歌史上，对某一建筑物的吟咏，没有比对长城的吟咏时间跨度更大、数量更多、反映面更广、情感更为强烈的了。在千百年来庞大的长城诗的作者群中，既有皇帝贵族、戍边将帅，又有布衣文士、遗老逸民；既有诗坛巨擘，也有道隐僧客；不仅有汉族诗人，还有蒙、回、满等兄弟民族诗人，并有一些女诗人，显示了无比的广泛性。他们从不同的角度、不同的侧面吟咏长城，全方位地反映了长城的历史风貌。

长城诗虽然都是直接取材于长城，但其创作思想却一源多流，呈现多元的思想主题，这也表明长城作为历史的遗存，为多侧面的价值认识提供了可能，这也正是长城诗具有顽强生命力和艺术感染力的主要原因之一。在林林总总的长城诗中，有控诉秦始皇暴虐无道的，有称赞秦筑长城开千秋大业的；有反对战争歌唱和平的，有饮马长城志清玉塞的；有旨在歌唱长城山川壮美的，有描绘长城边关荒凉冷漠的；有凭吊以抒忧国忧民之情愫者，有登临以寄个人壮怀者；有筑边者的痛苦呻吟，有空闺怨妇的凄婉悲号。很多长城诗涉及对长城的评价，有的认为长城起了安边卫民的作用，有的则认为长城不足以御敌；有的认为筑城筑怨导致国破庙倾，有的则认为筑长城暂劳永逸；有的把长城和秦始皇捆在一起进行鞭笞，有的则认为秦皇无道而长城有功。到了现当代，长城诗则多把长城作为中华民族和人类文明的象征而讴歌称颂。两千多年来，数以万计的长城诗主要表现了强烈的爱国主义情感和现实主义精神，体现出以人为本、热爱和平、关注民生的中华人文基因。

历史悠久、数量巨大、内容丰富的长城诗在艺术性方面也是多姿多彩的。从诗体上看，无论是叙事长城诗，还是抒情长城诗，在古风、律诗、乐府、民歌等各种体裁中均有佳篇丽制。从风格流派与气韵上看，长城诗中雄浑豪放者有之，哀婉缠绵者有之，凄迷悲怆者有之，金刚怒目者有之，它们艺术地反映了长城的各种特性和诗人们的复杂感情，给人以深刻的感染和强烈的震撼。

秦汉时期的长城诗，最早的是一首民歌：“生男慎勿举，生女哺用脯；不见长城下，尸骸相支拄！”《汉书•贾捐之传》载：“长城之歌，至今不绝。”可见当时劳动者曾创作了不少类似的歌谣，来揭露和控诉秦朝暴虐政治在修筑长城时给人民带来的苦难，但只有这首“长城民歌”被魏晋之际的哲学家杨泉引入《物理论》，后又被郦道元转引入《水经注》中，才得以留存下来。郦道元《水经注》曰：“始皇二十四年，使太子扶苏与蒙恬筑长城，起自临洮，至于碣石，东暨辽海，西并阴山，几万余里，民怨劳苦。故杨泉物理论曰‘秦筑长城，死者相属。’民歌曰：‘生男慎勿举，生女哺用脯；不见长城下，尸骸相支拄。’其冤痛如此。今白道南谷口有长城，自城北出有高坂，傍有土穴出泉，挹之不穷。歌录云：‘饮马长城窟’，信非虚言也。”而汉魏之际的诗人陈琳在《饮马长城窟行》中，曾略作变动地引用了这首五言诗。这首民歌无论从形式到内容，都深深地影响着中国历代长城诗，堪称长城诗之鼻祖。

《饮马长城窟行》是最早在汉歌曲的题目中明确提出“长城”的曲子名。宋朝郭茂倩在《乐府诗集》中讲该曲：“一作‘饮马行’。长城，秦所筑以备胡者。其下有泉窟，可以饮马。古辞云：‘青青河畔草，绵绵思远道。’言征戍之客，至于长城而饮其马，妇人思念其勤劳，故作是曲也。”

在汉代诗歌中，出现以“雁门”喻北方长城边关地的情况。其表达的诗意与《饮马长城窟行》的初始题意相近，多为思念戍守长城边地的远行人。

魏晋南北朝时期的长城诗，多见于宋代郭茂倩编的《乐府诗集》，特别是其划分的十二类歌曲辞中的“鼓吹曲辞”“横吹曲辞”和“相和歌辞”及“琴曲歌辞”与“杂曲歌辞”中。

《乐府解题》曰：“汉横吹曲，二十八解，李延年造。魏晋已来，唯传十曲：一曰《黄鹄》，二曰《陇头》，三曰《出关》，四曰《入关》，五曰《出塞》，六曰《入塞》，七曰《折杨柳》，八曰《黄覃子》，九曰《赤之扬》，十曰《望行人》。后又有《关山月》《洛阳道》《长安道》《梅花落》《紫骝马》《骢马》《雨雪》《刘生》八曲，合十八曲。”又谓“横吹曲，其始亦谓之鼓吹，。马上奏之，盖军中之乐也。”又谓“有箫笳者为鼓吹”，“有鼓角者为横吹”。军中之乐，多与征战戍守有关，因而也与长城有关。此时期的长城诗，比现存的秦汉时期的长城诗多了抗击游牧民族侵扰的内容和场景，并在诗中出现了“紫塞”“亭障”“塞垣”玉关”“阳关”“雁门关”等长城边关名词及“蓟北”“雁门”等长城沿线的特有地名。这些都为扩展长城诗的意境提供了必不可少的条件。

隋唐五代时期的长城诗，有两个显著特点，一是两个朝代的最高统治者隋炀帝杨广和唐太宗李世民都写下了《饮马长城窟行》，特别是杨广的《饮马长城窟行》（有版本题为《拟饮马长城窟示从征群臣》），对长城的建树、经营和作用都做了肯定，开全面颂咏长城的诗作之先河，当然也不乏对当时隋朝大举筑长城之役的辩白。李世民的同名题诗作，则对长城保卫战即征战场面做了肯定的描述，实际上也是为他用征战替代筑城的策略加注解。另一个特点是长城诗在原来多取材于乐府诗（新乐府辞）的基础上有了发展，出现了直接以“长城”或“筑城曲”为题目的诗作，并成为日趋成熟的边塞诗的一个重要组成部分，体现了变化着的时代精神。

唐朝是中国诗歌史上成就辉煌的时代，同样，长城诗的创作也进入到一个繁荣的时期，当时著名的诗人，像王维、王昌龄、李白、高适、李益、李贺等几乎都写过有长城内容的诗作。一般来说，盛唐时期的长城诗多洋溢着豪迈的时代精神，表现诗人积极向上的心态，显示了当时国力强盛、民情昂扬的情势，表达出强烈的民族自信心。中唐及晚唐的长城诗与盛唐时期的长城诗相比，在风格气韵上出现了差别，多了悲凉苍劲、感伤沉郁的情调，更出现了由歌咏杞梁妻故事演变而来的孟姜女故事的诗篇，更多地反映了社会动乱和战争给人民带来的灾难和痛苦。在唐朝的长城诗中，出现了对长城文化认识不同的诗作，其中汪遵和褚载的同名《长城》诗，就针锋相对地涉及了这个问题。汪遵认为“秦筑长城比铁牢，蕃戎不敢过临洮；虽然万里连云际，争及尧阶三尺高”，褚载则说“秦筑长城比铁牢，蕃戎不敢过临洮；焉知万里连云色，不及尧阶三尺高”。

五代的长城诗流传不多，格调低沉哀婉，反映了当时离乱的社会现实。

宋、金、元时期的长城诗，虽然不及唐朝那样兴盛，但也随时代的变迁在形式、题材、内容上都出现了一些变化。例如，开始运用词曲来吟咏长城风物，一些女诗人进入写长城诗的行列。一些关口，特别是居庸关及其附近的风物已进入长城诗的创作领域；长城内外一家的认识在金、元诗中显现；一些兄弟民族诗人也有长城诗的创作。

宋朝与辽、金、西夏、蒙古长期对峙，民族矛盾尖锐，国力衰败，朝政腐朽，疆域退离长城之南。故而在为数不多的长城诗中，尽管有诗人写过一些雄浑高亢、激励人心的诗篇，如陆游虽没有到过长城，但他念念不忘长城，仍然把它当作是金瓯不缺的象征，把它视为是自己要去捍卫的边塞，写出充满爱国热情、至今仍能拨动读者心弦的力作。然而，更多的诗反映国破家亡的悲叹、战争失败的哀怨、沦陷区人民的愁苦和对屈辱求和朝廷的失望与指责。

金、元时期，长城内外一家，此种情况必然反映在当时的长城诗作中，一些著名的诗人如金国的刘著、刘迎、赵秉文、元好问等，元朝的郝经、马祖常、许有壬等，都写了既有时代特点、又有地域特色的长城诗，其中一些诗对长城要镇居庸关的历史和风物景色做了论述和描摹，在开启对长城重要关隘进行侧重歌咏的同时，展现出这一历史时期的社会面貌。

明代长城诗，在中国长城诗的发展史上，又是一个繁荣兴盛期。这不仅是因为明代万里长城工程浩大、修筑时间长、关隘众多，而且当时修撰的有关重要关口的志书，如《山海关志》《西关志》《三关志》《延绥镇志》等，以及长城沿线的县、州、府志，如《永平府志》《朔方新志》《真定府志》《宁夏志》《辽东志》等，都有长城诗的记载。明代长城诗的一个崭新特点是，有关长城修筑和长城关隘的诗作大量出现，作者中有不少筑城守关的军事将领，他们的作品多数是对长城雄关的赞颂，表达抗敌卫国的豪情；也有反映不能实现壮志的伤感之作。长城诗中还出现了对长城某些特定建筑和风物的描绘，例如山海关的镇东楼（即天下第一关城楼）、观海亭（即澄海楼），居庸关的居庸叠翠，嘉峪关的嘉峪晴烟等。还有的诗作赞美了蒙汉互市的和平景象。

在明代长城诗的作者群中，除有于谦、戚继光、杨一清、孙承宗等著名将帅外，还有著名诗人如李东阳、李梦阳、王世贞、何景明、唐顺之、谢榛、徐渭、李贽、汤显祖、袁宏道、陈子龙等，他们的诗作，发乎情性之真，“直吐胸怀，实叙景象”，真实地展示了长城的壮阔雄伟，表达了筑城守边将士的英雄气概，也真切地揭示了朝廷大肆修筑长城给人民带来的痛苦。

清代长城诗，把长城诗的发展推向了一个更广泛更深入的阶段。长城在清人入关后，其军事作用已消退。因而歌咏长城的诗作更多的是反映长城内外大一统的景象，表现出“在德不在险”的治国理念，“永享太平”的生活愿景。与以往朝代不同，清朝自康熙皇帝始，很多皇帝都写过有关长城的诗，特别是他们祭祖往来的重要关口山海关和古北口，成了他们及官员随从们必咏的对象，数量不少，亦有佳作。

清代的长城诗，各个时期反映的内容不尽相同，爱国主义的表现方式也不同。清初的一些诗人不肯出仕清朝，坚持民族气节，志行皎然，所写的长城诗反映出当时的爱国激情，而此后的长城诗中的爱国情怀，主要显现在对长城内外大好河山的赞颂和对太平景象的描绘，这当然与最高统治者们坚持不懈的要求和引导有关。及到清末，有的长城诗开始表现出对国家前途的担忧。清代长城诗中还出现了叙史的长城诗歌。清代许多著名的诗人都写过长城诗，如顾炎武、屈大钧、朱彝尊、纳兰性德、严遂成、洪亮吉、黄景仁等，他们不同的风格和艺术成就同样反映在长城诗的写作上，而像林则徐、康有为等则在长城诗中表达了自己远大的胸怀志向。

近代长城诗，是指辛亥革命至中华人民共和国成立前的长城诗。此段时间较短，留存下来的长城诗相对较少，但其思想性及艺术性都表现出了一个前所未有的高度。这一时期随着中国新文化运动的发展，白话文现代诗进入长城诗领域，其中闻一多的《长城下之哀歌》具有代表意义，作者喻长城为中国古老的文明，对其作用进行反思，以哀歌和哭诉警示国人应清醒振作。

这一时期毛泽东挥写涉及长城的《清平乐•六盘山》和《沁园春•雪》，创造新世界的英雄豪迈气概和壮阔胸怀充盈其间，成为长城诗的空前绝唱。

现代长城诗，是指中华人民共和国成立以来的有关长城的诗作。现代长城诗更多地采用现代白话诗的形式，表达的思想情感多以赞颂为主，有些长城诗对以嘉峪关为代表的西北地区发生的变化做了热情的歌颂，强调民族团结和国家统一，也有的对长城的修筑进行反思，强调这是劳动人民的伟大贡献，对孟姜女和长城加以辩证的认识。

公元 1984 年，一个经国家领导人倡导的“爱我中华，修我长城”的社会赞助活动在中国大地兴起，这一活动也带动了长城诗的兴盛发展。出自社会各界人士之手的大量长城诗都表达了爱国主义主题，突出长城是中华民族的象征，进而从长城是人类文化遗产的角度予以歌颂。

长城之歌，至今不绝。本书选录历代长城诗凡 344 首，包罗自秦朝民歌以降，历朝历代帝王将相、文人名士吟咏长城的各体诗作，并录近代诗作 11 首、现代诗作 32 首。为阅读便利计，本书还为部分诗作加了注释，以期更充分地传递诗中的历史信息。

与诗人同行，让我们一起感受长城文化的厚重与不朽。

目　录

contents

长城谣[①]

秦朝民歌

生男慎勿举[②]，
生女哺用脯[③]；
不见长城下，
尸骸相支拄[④]！

选自《水经注》

①这首秦朝民歌见于北魏郦道元《水经注·河水》，引自杨泉《物理论》，是目前流传下来的最早的长城诗。它艺术而悲壮地揭示了秦修长城给人民带来的巨大痛苦和牺牲。据《汉书·贾捐之传》载："长城之歌，至今未绝。"此诗不仅开启了历代咏长城的先声，而且对后世诗人的诗作产生了直接而深远的影响。题目系编选者所加。

②举：婴儿初生，母亲给洗澡、吃奶叫作举。勿举：就是不要养活抚育的意思。

③哺：喂。脯：干肉，此指精美食物。

④尸骸：指在修筑长城时死去的壮丁们的尸体骨骸。相支拄：互相支撑，比喻多而乱地堆积在一起。拄：一作柱。

四愁诗（之四）

东汉·张衡

河西走廊明代长城

我所思兮在雁门，
欲往从之雪雱雱。
侧身北望涕沾巾。
美人赠我锦绣段，
何以报之青玉案。
路远莫致倚增叹，
何为怀忧心烦惋？

选自《文选》

饮马长城窟行

无名氏

青青河畔草，绵绵思远道。
远道不可思，宿昔梦见之。
梦见在我傍，忽觉在他乡。
他乡各异县，展转不相见。
枯桑知天风，海水知天寒。
入门各自媚，谁肯相为言？
客从远方来，遗我双鲤鱼。
呼儿烹鲤鱼，中有尺素书。
长跪读素书，书中竟何如？
上言加餐食，下言长相忆。

选自《乐府诗集》

胡笳十八拍（选一）

东汉•蔡琰

第六拍

冰霜凛凛兮身苦寒，饥对肉酪兮不能餐。
夜闻陇水兮声呜咽，朝见长城兮路杳漫。
追思往日兮行李难，六拍悲来兮欲罢弹。

选自《乐府诗集》

饮马长城窟行①

东汉末·陈琳

饮马长城窟，水寒伤马骨。
往谓长城吏，慎莫稽留太原卒。②
官作自有程③，举筑谐汝声！④
男儿宁当格斗死，何能怫郁筑长城？⑤
长城何连连，连连三千里。
边城多健少，内舍多寡妇。
作书与内舍，便嫁莫留住。
善待新姑嫜⑥，时时念我故夫子。
报书往边地，君今出语一何鄙！
身在祸难中，何为稽留他家子？
生男慎莫举，生女哺用脯。
君独不见长城下，死人骸骨相撑拄。⑦
结发行事君，慊慊心意间⑧，
明知边地苦，贱妾何能久自全？

选自《乐府诗集》

①《饮马长城窟行》：汉《乐府诗集》卷38，入《相和歌辞·瑟调曲》。五臣注说："长城，秦所筑，以备胡者。其下有泉窟，可以饮马。征人路出于此而伤悲矣。"后人常以此为题，表现征役的艰苦。长城窟的确切地点，众说纷纭。郦道元《水经注》载："今白道南谷口有长城，自城北出有高坂，旁有土穴出泉，挹之不穷。歌录云：'饮马长城窟，'信非虚言也。"作为文学作品中的"长城窟"，是泛指长城附近的水泉水窟。

②稽留：滞留，这里指服役期满后的扣留。太原卒：从太原征来的士卒。太原，秦郡名，在今山西省中部地区。

③官作：官府规定的工程，指修筑长城。程：期限。

④举筑谐汝声：叫打夯的动作和你的夯歌和谐一致。筑：筑土的杵。声：夯歌声。

⑤怫郁：郁闷，心情不舒畅。

⑥姑嫜：丈夫的母亲和父亲。嫜：本谓"公"。

⑦骸骨相撑拄：参见前首《长城谣》，作者在这里借用了秦朝民歌。

⑧慊慊：满足、惬意。间：有的本子作"关"。

饮马长城窟行

西晋·傅玄

青青河边草，悠悠万里道。
草生在春时，远道还有期。
春至草不生，期尽叹无声。
感物怀思心，梦想发中情。
梦君如鸳鸯，比翼云间翔。
既觉寂无见，旷如参与商。
梦君结同心，比翼游北林。
既觉寂无见，旷如商与参。
河洛自用固，不如中岳安。
回流不及返，浮云往自还。
悲风动思心，悠悠谁知者。
悬景无停居，忽如驰驷马。
倾耳怀音响，转目泪双堕。
生存无会期，要君黄泉下。

选自《乐府诗集》

饮马长城窟行

西晋·陆机

驱马陟阴山，
山高马不前。
往向阴山候，
劲虏在燕然。
戎车无停轨，
旌旆屡徂迁。
仰凭积雪岩，
俯涉坚冰川。
冬来秋未反，
去家邈以绵。
猃狁亮未夷，
征人岂徒旋？
末德争先鸣，
凶器无两全。
师克薄赏行，
军没微躯捐。
将遵甘陈迹，
收功单于旃。
振旅劳归士，
受爵藁街传。

选自《乐府诗集》

出自蓟北门行

南朝宋·鲍照

羽檄起边亭，烽火入咸阳。
征骑屯广武，分兵救朔方。
严秋筋竿劲，虏阵精且强。
天子按剑怒，使者遥相望。
雁行缘石径，鱼贯度飞梁。
萧鼓流汉思，旌甲被胡霜。
疾风冲塞起，沙砾自飘扬。
马毛缩如蝟，角弓不可张。
时危见臣节，世乱识忠良。
投躯报明主，身死为国殇。

选自《乐府诗集》

石砌明代长城（郑保卫 摄）

饮马长城窟行

南朝梁·沈约

玉门关遗址

介马渡龙堆，
涂萦马屡回。
前访昌海驿，
杂种寇轮台。
旌幕卷烟雨，
徒御犯冰埃。

选自《乐府诗集》

古离别

南朝宋·江淹

远与君别者，乃至雁门关。
黄云蔽千里，游子何时还？
送君如昨日，檐前露已团。
不惜蕙草晚，所悲道里寒。
君在天一涯，妾身常别离。
愿一见颜色，不异琼树枝。
菟丝及水萍，所寄终不移。

选自《乐府诗集》

咏霍将军北伐

南朝齐·虞羲

拥旄为大将，汗马出长城。
长城地势险，万里与云平。
凉秋八九月，铁马入幽并。
飞狐白日晚，翰海愁云生。
羽书时断绝，刁斗昼夜惊。
乘墉挥宝剑，蔽日引高旌。
云屯七萃士，鱼丽六郡兵。
哀笳关下思，羌笛陇头鸣。
骨都先自詟，日逐次亡精。
玉门罢斥堠，甲第始修营。
位登万庾积，功立百行成。
天长地自久，人道有亏盈。
未穷激楚乐，已见高台倾。
当令麟阁上，千载有雄名。

选自《古诗源》

出　塞

南朝梁·刘峻

蓟门秋气清，
飞将出长城。
绝漠冲风急，
交河夜月明。
陷敌拟金鼓，
摧锋扬旆旌。
去去无终极，
日暮动边声。

选自《乐府诗集》

战 城 南

南朝梁·吴均

陌上何喧喧，
匈奴围塞垣。
黑云藏赵树，
黄尘埋陇垠。
天子羽书劳，
将军在玉门。

选自《乐府诗集》

从军行

南朝陈·戴暠

长安夜刺闺，
胡骑白铜鞮。
诏事发陇右，
召募取关西。
剑悬三尺鞘，
铠累七重犀。
督军鸣战鼓，
巡夜数更鼙。
侵星出柳塞，
际晚入榆溪。
秦泾含药鸩，
晋火逐飞鸡。
通泉开地道，
望敌竖云梯。
阴山日不暮，
长城风自凄。
弓寒折锦鞬，
马冻滑斜蹄。
燕旗竿上晚，
羌吹管中嘶。
登山试下赵，
凭轼且平齐。
当今函谷上，
唯见一丸泥。

选自《乐府诗集》

骢马驱

南朝梁·江总

长城兵气寒，
饮马讵为难。
暂解青丝辔，
行歇镂衢鞍。
白登围转急，
黄河冻不干。
万里朝飞电，
论功易走丸。

选自《乐府诗集》

历经沧桑的明代长城敌楼

雁门太守行

南朝梁·萧纲

（一）

轻霜中夜下，黄叶远辞枝。
寒苦春难觉，边城秋易知。
风急旍旗断，涂长铠马疲。
少解孙吴法，家本幽并儿。
非关买雁肉，徒劳皇甫规。

（二）

三月杨花合，四月麦秋初。
幽州寒食罢，郑国采桑疏。
便闻雁门戍，结束事戎车。
寄语金闺妾，勿怨寒床虚。
鹅军功日逐，燕骑荡康居。
大宛归善马，小月送降书。

（三）

陇暮风恒急，关寒霜自浓。
枥马夜方思，边衣秋未重。
潜师夜接战，略地晓摧锋。
悲笳动胡塞，高旗出汉墉。
勤劳谢功业，清白报迎逢。
非须主人赏，宁期定远封。
单于如未击，终夜慕前踪。

选自《乐府诗集》

燕歌行

北朝北周·庾信

代北云气昼昏昏，千里飞蓬无复根。
寒雁嗈嗈渡辽水，桑叶纷纷落蓟门。
晋阳山头无箭竹，疏勒城中乏水源。
属国征戍久离居，阳关音信绝能疏。
愿得鲁连飞一箭，持寄思归燕将书。
渡辽本自有将军，寒风萧萧生水纹。
妾惊甘泉足烽火，君讶渔阳少阵云。
自从将军出细柳，荡子空床难独守。
盘龙明镜饷秦嘉，辟恶生香寄韩寿。
春分燕来能几日，二月蚕眠不复久。
洛阳游丝百丈连，黄河春冰千片穿。
桃花颜色好如马，榆荚新开巧似钱。
葡萄一杯千日醉，无事九转学神仙。
定取金丹作几服，能令华表得千年。

选自《乐府诗集》

饮马长城窟行

北朝北周·尚法师

长城征马度，横行且劳群。
入冰穿冻水，饮浪聚流文。
澄鞍如渍月，照影若流云。
别有长松气，自解逐将军。

选自《乐府诗集》

饮马长城窟行

北朝北周·王褒

北走长安道，征骑每经过。
战垣临八阵[①]，旌门对两和[②]。
屯兵戍陇北[③]，饮马傍城阿[④]。
雪深无复道，冰合不生波。
尘飞连阵聚，沙平骑迹多。
昏昏垅坻月[⑤]，耿耿雾中河。
羽林犹角抵[⑥]，将军尚雅歌。
临戎常拔剑，蒙险屡提戈。
秋风鸣马首，薄暮欲如何。

选自《乐府诗集》

①战垣：垣，墙，这里指防御工事等。八阵：古代的八种兵阵。最早的八阵称天、地、风、云、龙、虎、鸟、蛇。也有后起的很多说法，所以八阵名目不一。这里借指阵地。

②旌门：古代帝王出行，在所住的帷幕前面树立旗帜作门，称为旌门。两和：古代军门称为和。因常是左右树旗做成，故称两和。

③陇北：陇山以北的地方。陇北，古称陇阪、陇坻、陇头等，在今陕西省陇县西北，延跨甘肃省清水县等，即今六盘山。

④城阿：长城下。阿：角落。

⑤垅坻：高低不平的山坡。

⑥羽林：护卫皇帝安全的禁卫军称羽林军。这里指战士。抵：摔跤一类的游戏。

从军行

北朝北周·宇文招

辽东烽火照甘泉，蓟北亭障接燕然。
水冻菖蒲未生节，关寒榆荚不成钱。

选自《乐府诗集》

饮马长城窟行

南朝陈·张正见

秋草朔风惊①，饮马出长城。
群惊还怯饮，地险更宜行。
伤冰敛冻足，畏冷急寒声②。
无因度吴坂③，方复入羌城④。

选自《乐府诗集》

①朔风：北风。

②寒声：边塞军事活动发出的声音。

③吴坂：即雷首山，在山西永济县南。《括地志》："雷首山，一名吴山，吴山，即吴坂地。"吴，一作"陇"。

④羌城：羌族的城堡。羌：古族名，主要分布在今甘肃、青海、四川一带，殷周时，部分曾杂居中原。秦、汉时部落众多，以游牧为主，东汉末内附，部分被迫东迁内地，东晋至宋间，烧当、党项羌先后建立后秦、西夏等政权。其首领多受历朝册封。其后逐渐与西北地区的汉族及其他民族相融合。

冬日寒山上的坚固敌楼

雨　雪　曲①

南朝陈·陈叔宝

长城飞雪下，边关地籁吟②。
濛濛九天暗③，霏霏千里深④，
树冷月恒少，山雾日偏沉。
况听南归雁⑤，切思胡笳音⑥。

选自《乐府诗集》

饮马长城窟行

南朝陈·陈叔宝

征马入他乡，山花此夜光。
离群嘶向影，因风屡动香。
月色含城暗，秋声杂塞长。
何以酬君子，马革报疆场。

选自《乐府诗集》

①雨雪曲：汉乐府《横吹曲辞》。
②边关：边疆上的关塞。地籁：《庄子·齐物论》："地籁则众窍是已。"指地上各种孔穴中发出的声音。
③濛濛：雨雪迷蒙貌。
④霏霏：形容雨雪稠密。
⑤况：况且。
⑥切思：忧思。胡笳：古管乐器。汉时流行于塞北和西域一带，汉魏鼓吹乐中常用之。

紫骝马

南朝陈·祖孙登

候骑指楼兰，长城迥路难。
嘶从风处断，骨住水中寒。
飞尘暗金勒，落泪洒银鞍。
抽鞭上关路，谁念客衣单。

选自《乐府诗集》

暮色掩长城

饮马长城窟行

隋·杨广

肃肃秋风起，悠悠行万里。
万里何所行，横漠筑长城①。
岂台小子智②，先圣之所营。
树兹万世策，安此亿兆生。
讵敢惮焦思③，高枕于上京④。
北河秉武节⑤，千里卷戎旍⑥。
山川互出没，原野穷超忽。
摐金止行阵⑦，鸣鼓兴士卒。
千乘万骑动，饮马长城窟。
秋昏塞外云，雾暗关山月。
缘岩驿马上，乘空烽火发。
借问长城侯⑧，单于入朝谒⑨。
浊气静天山⑩，晨光照高关。
释兵仍振旅⑪，要荒事方举⑫。
饮至告言旋，归功清庙前⑬。

选自《乐府诗集》

①横漠：横亘沙漠。

②岂：怎么。台：我。《书·汤誓》："非台小子，敢行称乱。"

③讵：怎么。惮：畏惧。焦思：忧虑多思。

④高枕：垫高枕头睡觉，形容无所忧虑。上京：国都。

⑤武节：古代关于军旅之事的符节，使者执之可作凭证。

⑥戎旍：战旗。

⑦摐：撞。习战、作战时摐金，令部队停止进攻。

⑧长城侯：负责长城边境守望、报警的官吏。

⑨谒：进见，这里指俯首称臣。单于：匈奴君主，借指北方部族首领。

⑩天山：指祁连山，在甘肃河西走廊南侧。这里指边疆。

⑪释兵：解除兵患。

⑫要荒：要服、荒服。古代王畿外围的地方，以五百里为率，视距离的远近分为五等，叫"五服"，其名称为甸服、侯服、绥服、要服、荒服。要荒，即指王畿外极远的地方。

⑬清庙：《诗·周颂》首篇名。为周天子祭祀祖先的乐歌，亦指宗庙。

出　塞

隋·杨素

漠南胡未空，汉将复临戎。
飞狐出塞北，碣石指辽东。
冠军临瀚海，长平翼大风。
云横虎落阵，气抱龙城虹。
横行万里外，胡运百年穷。
兵寝星芒落，战解月轮空。
严鐎息夜斗，骍角罢鸣弓。
北风嘶朔马，胡霜切塞鸿。
休明大道暨，幽荒日用同。
方就长安邸，来谒建章宫。

选自《乐府诗集》

骢　马

隋·王由礼

善马金羁饰，蹑影复凌空。
影入长城水，声随胡地风。
控敛青门外，珂喧紫陌中。
行行苦不倦，唯当御史骢。

选自《乐府诗集》

饮马长城窟行

唐·虞世南

驰马渡河干，流深马渡难。
前逢锦车使，都护在楼兰。
轻骑犹衔勒，疑兵尚解鞍。
温池下绝涧，栈道接危峦。
拓地勋未赏，王城律讵宽。
有月关犹暗，经春陇尚寒。
云昏无复影，冰合不闻湍。
怀君不可遇，聊持报一餐。

选自《乐府诗集》

明代万里长城西起点嘉峪关

饮马长城窟行

唐·袁朗

朔风动秋草，清跸长安道。
长城连不穷，所以隔华戎。
规模唯圣作，荷负晓成功。
鸟庭已向内，龙荒更凿空。
玉关尘卷静，金微路已通。
汤征随北怨，舜咏起南风。
画野功初立，绥边事云集。
朝服践狼居，凯歌旋马邑。
山响传凤吹，霜华藻琼钑。
属国拥节归，单于款关入。
日落寒云起，惊河被原隰。
零落叶已寒，河流清且急。
四时徭役尽，千载干戈戢。
太平今若斯，汗马竟无施。
唯当事笔砚，归去草封禅。

选自《乐府诗集》

塞外二首

唐·郑愔

塞外萧条望，征人此路赊。
边声乱朔马，秋色动胡笳。
遥嶂侵归日，长城带晚霞。
断蓬飞古戍，连雁聚寒沙。
海暗云无叶，山春雪作花。
丈夫期报主，万里独辞家。

阳鸟南飞夜，阴山北地寒。
汉家征戍客，年岁在楼兰。
玉塞朔风起，金河秋月团。
边声入鼓吹，霜气下旌竿。
海外归书断，天涯旅鬓残。
子卿犹奉使，恒向节旄看。

选自《全唐诗》

饮马长城窟行

唐·李世民

塞外悲风切[①]，交河冰已结[②]。
瀚海百重波[③]，阴山千里雪[④]。
迥戍危烽火[⑤]，层峦引高节。
悠悠卷旆旌，饮马出长城。
寒沙连骑迹，朔吹断边声。
胡尘清玉塞[⑥]，羌笛韵金钲[⑦]。
绝漠干戈戢，车徒振原隰[⑧]。
都尉反龙堆[⑨]，将军旋马邑[⑩]。
扬麾氛雾静，纪石功名立[⑪]。
荒裔壹戎衣[⑫]，灵台凯歌入[⑬]。

选自《全唐诗》

①塞外：一般指长城以北，包括内蒙古自治区、甘肃省和宁夏回族自治区的北部及河北省长城以北地区。

②交河：即马邑川水，亦称灰河，出山西宁武县西，入桑乾水。一说古地名，在今新疆吐鲁番西北一带。

③瀚海：含义随时代而变，两汉六朝时是北方的海名，疑即今呼伦湖和贝加尔湖，唐代是蒙古高原大沙漠以北及其以西今准噶尔盆地一带广大地区的泛称。元代指古金山（今阿尔泰山），明以来用以指戈壁沙漠。这里似指湖而不是山或地区。

④阴山：在内蒙古自治区中部，东西走向，西起狼山、乌拉山，中为大青山、灰腾梁山，南为凉城山、桦山，东为大马群山，长约1200公里，海拔1500~2000米，自古为中原之屏蔽。古代匈奴常藉之以寇汉边，汉武帝时夺取此山，设屯守之，匈奴之势遂衰。

⑤迥：远。

⑥玉塞：玉门关，这里指关塞。

⑦金钲：金属制的钲，是古代行军乐器。又名“丁宁”。形似钟而狭长，有长柄可执，击之而鸣。

⑧徒：一作从。隰：低洼的湿地。

⑨龙堆：即白龙堆，在新疆天山南路，今名库穆塔格，多流沙，沙形如龙。反：通“返”。

⑩马邑：古县地名。秦置，治所在今山西朔县。

⑪纪石功名立：东汉永元元年（公元89年），窦宪率兵在燕然山大败匈奴后，登山刻石纪功，时班固为中护军，行中郎将事，撰《燕然山铭》。

⑫荒裔壹戎衣：在荒僻的边远地歼灭大殷。这里指歼灭敌人。《礼记·中庸》：“壹戎衣而有天下”，郑玄注：“衣读如殷，声之误也；齐人言殷声如衣。”壹：同“噎”，歼灭的意思。戎：大。衣：殷。“壹戎衣”即歼灭大殷。

⑬灵台：《诗经·大雅》篇名，是歌颂周文王的诗。《诗序》：“《灵台》，民始附也，文王受命，而民乐其有灵德，以及鸟兽昆虫焉。”这句是说人们唱着胜利者的颂歌凯旋。

出玉关①

唐•来济

敛辔遵龙汉②，衔凄渡玉关③。
今日流沙外④，垂涕念生还。

选自《全唐诗》

雨雪曲

唐•卢照邻

虏骑三秋入，关云万里平。
雪似胡沙暗，冰如汉月明。
高阙银为阙，长城玉作城。
节旄零薄尽，天子不知名。

选自《全唐诗》

①玉关：即玉门关，古关名，在汉郡龙勒县境内，是汉、魏通往西域诸国西部边防上的重要关隘，也是“丝绸之路”北路的必经关口。相传古代西域的美玉经此输入中原而得名。玉门关在西汉时为玉门都尉府所辖，东汉时为玉门障尉治所。隋唐之际，通西域的伊吾大道畅通，玉门关东迁至瓜州晋昌县境（即今安西县双塔堡附近），这里就慢慢衰落下来。现在被称为汉玉门关的小方盘故城，位于敦煌县西北 90 公里处，蒙语称“跌烈半斤”，意为方城，建于东西走向的狭长的戈壁上，北面有长城作防线。近年来，考古界有人考证此城为“玉门都尉府”治所，亦有人认为是东汉时的玉门关，西汉时的玉门关还应在此城西面 11 公里处的马圈湾西侧。隋唐以后诗人吟诵的玉门关，是指东迁后的玉门关。

②敛辔遵龙汉：收束缰绳放马慢行的人。敛：收束。辔：驾驭牲口的缰绳。龙：高大的马，《周礼•夏官•庾人》：“马八尺以上为龙。”

③衔凄：怀着凄凉的心情。

④流沙：泛指西北地区的沙漠。

紫骝马

唐·卢照邻

骝马照金鞍，转战入皋兰。
塞门风稍急，长城水正寒。
雪暗鸣珂重，山长喷玉难。
不辞横绝漠，流血几时干？

选自《全唐诗》

坝上草原坍塌的长城遗址（陈玉 摄）

关山月

唐·卢照邻

塞垣通碣石，虏障抵祁连。
相思在万里，明月正孤悬。
影移金岫北，光断玉门前。
寄书谢中妇，时看鸿雁天。

选自《乐府诗集》

从军中行路难

唐·骆宾王

君不见玉关尘色暗边亭，铜鞮杂虏寇长城。
天子按剑征余虏，将军受脤事横行。
七德龙韬开玉帐，千里鼍鼓叠金钲。
阴山苦雾埋高垒，交河孤月照连营。
连营去去无穷极，拥旆遥遥过绝国。
阵云朝结晦天山，寒沙夕涨迷疏勒。
龙鳞水上开鱼贯，马首山前振鹏翼。
长驱万里詟祁连，分麾三命武功宣。
百发乌号遥碎柳，七尺龙文迥照莲。
春来秋去移灰琯，兰闺柳市芳尘断。
雁门迢递尺书稀，鸳被相思双带缓。
行路难，行路难，誓令氛祲静皋兰。
但使封侯龙额贵，讵随中妇凤楼寒。

选自《乐府诗集》

宿长城①

唐·王勃

阴云凝朔气，陇上正飞雪。
四月草不生，北风劲如割。
朝来羽书急②，夜宿长城窟。
道隘行不前，相呼抱鞍歇。
人寒指欲堕，马冻蹄皆裂。
射雁旋充饥，斧冰还止渴。
宁辞解围斗，但恐乘疲没③。
早晚边堠空④，归来养羸卒。

选自《古今图书集成》

①《宿长城》：此诗《全唐诗》作长孙佐辅《陇西行》，《古今图书集成》作王勃《宿长城》，今从后说。全诗异字有：割，一作切；宿，一作救；皆，一作亦；疲，一作波；养羸卒，一作事耕作。

②羽书：朝廷征召的紧急文书。上插羽毛，故称羽书。

③乘疲没：在奔波疲惫中死去。

④早晚边堠空：或早或晚有那么一天，边境上望敌情的土堡不用人看守了。

北使长城

唐·王无竞

秦世筑长城，长城无极已①。
募兵四十万②，兴工九千里。
死人如乱麻，白骨相撑委。
殚弊未云悟③，穷毒岂知止④。
边尘未北灭⑤，楚兵遽东起⑥。
六国复嚣嚣⑦。两龙斗觺觺⑧。
卯金竞握谶⑨，返璧俄沦祀⑩。
仁义寝邦国⑪，狙暴行终始⑫。
一旦咸阳宫⑬，翻为汉朝市。

选自《全唐诗》

①无极已：没有到头和停止。极：穷极，到头。

②募：一作“暴”。

③殚：尽，竭尽。弊：《庄子·刻意》：“形劳而不休则弊”。云：有。悟：觉悟。

④穷：尽。毒：役使。《易·师》：“以此毒天下，而民从之。”王弼注：“毒犹役也。”

⑤边：一作“胡”。

⑥楚兵遽东起：指陈胜、吴广在大泽乡（今安徽宿县境内）发出了“大楚兴、陈胜王”的呼声，并用被赐死的秦公子扶苏和已故楚将项燕的名义，号召农民反秦。遽：急，骤然。

⑦六国：指被秦灭亡的齐、楚、燕、韩、赵、魏六国。嚣嚣：众怨愁声。

⑧两龙：指项羽和刘邦。觺觺：角锐利貌。

⑨卯金：即卯金刀，指刘邦。刘字的繁体字折为三字即卯金刀。谶：预言。谓将来会应验的话。

⑩返璧俄沦祀：指项羽追击汉军至灵壁，反被围困于垓下后不久就彻底失败自杀于乌江边上一事。

⑪寝：通“寖”，逐渐。

⑫狙暴：凶暴。狙：猕猴。

⑬一旦：一时。咸阳宫：秦朝都城的宫殿。

送人之军

唐·贺知章

常经绝脉塞，复见断肠流。
送子成今别，令人起昔愁。
陇云晴半雨，边草夏先秋。
万里长城寄，无贻汉国忧。

选自《全唐诗》

送魏大从军

唐·陈子昂

匈奴犹未灭，魏绛复从戎。
怅别三河道，言追六郡雄。
雁山横代北，狐塞接云中。
勿使燕然上，惟留汉将功。

选自《全唐诗》

塞外戈壁滩上的长城

塞垣行①

唐•崔湜

疾风卷溟海②，万里扬沙砾。
仰望不见天，昏昏竟朝夕。
是时军两进，东拒复西敌。
蔽山张旗鼓，间道潜锋镝③。
精骑突晓围，奇兵袭暗壁。
十月边塞寒，四山沍阴积④。
雨雪雁南飞，风尘景西迫。
昔我事讨论，未尝怠经籍。
一朝弃笔砚，十年操矛戟。
岂要黄河誓，须勒燕然石。
可嗟牧羊臣⑤，海上久为客。

选自《全唐诗》

①有人认为是崔融的诗。塞垣：边关长城一带。塞：关塞。垣：墙。《文选》鲍照《代东武吟》："追虏穷塞垣"。张铣注："塞垣，长城也。"

②溟海：指极北地呈黑色的大海。

③潜：隐藏。锋镝：刀锋箭头，比喻兵器。

④沍阴积：天气阴晦，积冻不开。沍：冻结。

⑤牧羊臣：指苏武，他于天汉元年（公元前100年）出使匈奴时被扣在北海（今贝加尔湖）边牧羊，过着饥寒交迫的生活，但他坚持19年不屈，终于始元六年（公元前81年）因匈奴与汉和好被遣回国。

饮马长城窟行

唐•王翰

长安少年无远图①，一生惟羡执金吾②。
麒麟殿前拜天子，走马西击长城胡③。
胡沙猎猎吹人面，汉虏相逢不相见。
遥闻鼙鼓动地来④，传道单于夜犹战⑤。
此时顾恩宁顾身，为君一行摧万人。
壮士挥戈回白日，单于溅血染朱轮。
归来饮马长城窟，长城道傍多白骨。
问之耆老何代人⑥，云是秦王筑城卒。
黄昏塞北无人烟，鬼哭啾啾声沸天。
无罪见诛功不赏，孤魂流落此城边。
当昔秦王按剑起，诸侯膝行不敢视⑦。
富国强兵二十年，筑怨兴徭九千里。
秦王筑城何太愚，天实亡秦非北胡⑧。
一朝祸起萧墙内⑨，渭水咸阳不复都⑩。

选自《乐府诗集》

①长安：指天子之都。

②执金吾：汉官名，金吾为两端涂金的铜棒，此官执之以示权威。执金吾统率禁军的一部，巡守京师。唐置左右金吾卫将军，约相当于汉代的执金吾。

③长城胡：长城沿线的匈奴兵。

④鼙鼓：古代军中所击的小鼓与大鼓，这里指鼓声。《周礼•夏官•大司马》："中军以鼙令鼓，鼓人皆三鼓。"

⑤单于：匈奴最高首领的称号，全称应作"撑犁孤涂单于"，匈奴语"撑犁"是"天"，"孤涂"是"子"，"单于"是广大之意。

⑥耆老：六十岁以上的老年人。

⑦膝行：跪着前进，表示畏服。

⑧天实亡秦非北胡：实在是老天要秦灭亡而并不是北方的匈奴。据史载，公元前215年，秦始皇听信方士卢生的话，派他去求羡门、高誓等仙人，卢生从海上回来，谎称他得到了《灵图书》，上云："亡秦者胡也"，促使秦始皇派遣蒙恬带领三十万大军驱匈奴、筑长城。后有人说"胡"指秦二世胡亥。

⑨萧墙：照壁，指内部。《论语•季氏》："吾恐季孙之忧，不在颛臾，而在萧墙之内也。"

⑩渭水咸阳不复都：渭水边的咸阳不再是都城。

凉州词

唐•王之涣

黄河远上白云间，一片孤城万仞山。
羌笛何须怨杨柳，春风不度玉门关。

选自《乐府诗集》

古从军行

唐•李颀

白日登山望烽火，黄昏饮马傍交河。
行人刁斗风沙暗，公主琵琶幽怨多。
野营万里无城郭，雨雪纷纷连大漠。
胡雁哀鸣夜夜飞，胡儿眼泪双双落。
闻道玉门犹被遮，应将性命逐轻车。
年年战骨埋荒处，空见蒲桃入汉家[1]。

选自《乐府诗集》

①蒲桃：即葡萄。

出萧关怀古①

唐·陶翰

驱马击长剑，行役至萧关。
悠悠五原上②，永眺关河前。
北虏三十万，此中常控弦③。
秦城亘宇宙④，汉帝理旌旃⑤。
刁斗鸣不息⑥，羽书日夜传。
五军计莫就⑦，三策议空全⑧。
大漠横万里，萧条绝人烟。
孤城当瀚海，落日照祁连。
怆矣苦寒奏，怀哉式微篇⑨。
更悲秦楼月，夜夜出胡天。

选自《全唐诗》

②五原：古地名，在宁夏盐池县境内。《元和志》："故五原郡，以其地有五原所，故名。五原，谓龙游原、乞地千原、青岭原、可岚贞原、横槽原。"

③控弦，开弓，这里指战争。

④秦城：秦长城。亘：横贯。宇宙：空间和时间。《淮南子·齐俗训》："往古来今谓之宙，四方上下谓之宇。"

⑤理旌旃：一作"理戎旃"。理：整理。旌旃：旗帜。旌，古旗的一种，缀旄牛尾于竿头，下有五采析羽，用以指挥或开道。旃，纯赤色的曲柄旗。

⑥刁斗：古代军中用铜制成的用具，能容一斗，白天用来烧水做饭，夜晚用来打更巡逻。

⑦五军计莫就：汉武帝元光二年（公元前133年），韩安国为护军将军，李广为骁骑将军，公孙贺为轻骑将军，王恢为将屯将军，李息为材官将军，率军埋伏在马邑谷中，匈奴单于发觉后走脱，所以说"五军计莫就"。

⑧三策议空全：汉严尤曰："匈奴为害，周秦汉未有得上策者也，周得中策，汉得下策，秦无策焉。"

⑨式微篇：《诗·邶风·式微》篇名。《诗序》说，黎侯流亡于卫，随行的臣子劝他回国："式微式微胡不归"。后人用作思归之意。

燕支行

唐 • 王维

汉家天将才且雄，来时谒帝明光宫。
万乘亲推双阙下，千官出饯五陵东。
誓辞甲第金门里，身作长城玉塞中。
卫霍才堪一骑将，朝廷不数贰师功。
赵魏燕韩多劲卒，关西侠少何咆勃。
报雠只是闻尝胆，饮酒不曾妨刮骨。
画戟雕戈白日寒，连旗大旆黄尘没。
叠鼓遥翻瀚海波，鸣笳乱动天山月。
麒麟锦带佩吴钩，飒沓青骊跃紫骝。
拔剑已断天骄臂，归鞍共饮月支头。
汉军大呼一当百，虏骑相看哭且愁。
教战虽令赴汤火，终知上将先伐谋。

选自《全唐诗》

长城蜿蜒，一眼望不到尽头（郑保卫 摄）

从军行（七首选三）

唐·王昌龄

琵琶起舞换新声，总是关山旧别情。
撩乱边愁听不尽，高高秋月照长城。

青海长云暗雪山，孤城遥望玉门关。
黄沙百战穿金甲，不破楼兰终不还。

玉门山障几千重，山北山南总是烽。
人依远戍须看火，马踏深山不见踪。

选自《全唐诗》

塞下曲

唐·常建

北海阴风动地来，明君祠上望龙堆。
髑髅皆是长城卒，日暮沙场飞作灰。

选自《全唐诗》

战城南

唐•李白

去年战，桑干源，今年战，葱河道。
洗兵条支海上波，放马天山雪中草。
万里长征战，三军尽衰老。
匈奴以杀戮为耕作，古来唯见白骨黄沙田。
秦家筑城避胡处，汉家还有烽火燃。
烽火燃不息，征战无已时。
野战格斗死，败马号鸣向天悲。
乌鸢啄人肠，衔飞上挂枯树枝。
士卒涂草莽，将军空尔为。
乃知兵者是凶器，圣人不得已而用之。

选自《李太白全集》

塞上

唐•殷遥

万里隤城在①，三边虏气衰②。
沙填孤嶂角③，烧断故关碑④。
马声经寒惨，雕声带晚悲⑤。
将军正闲暇，留客换歌辞。

选自《全唐诗》

①万里隤城：指颓坏了的古代万里长城。
②三边虏气：边疆敌人的侵略气焰。三边，古代幽、并、凉三州，都处边疆地带，所以称三边，这里泛指边境地区。
③孤嶂角：孤立高险的山的角落。嶂，一作障。
④烧断故关碑：猎火烧断了古老关口的碑石。《经籍撰古》："猎而行火曰烧。"
⑤雕，鸟名，一种大型猛禽。

关 山 月

唐•徐九皋

玉塞抵长城，金徽映高阙。
遥心万余里，直望三边月。
霜静影逾悬，露晞光渐没。
思君不可见，空叹将焉歇？

选自《全唐诗》

长城巍巍龙躯犹存（郑保卫 摄）

塞上诗

唐·高适

东出卢龙塞①，浩然客思孤。
亭堠列万里②，汉兵犹备胡。
边尘满北溟③，胡骑正南驱④。
转斗岂长策⑤，和亲非远图⑥。
惟昔李将军⑦，按节出皇都⑧。
总戎扫大漠⑨，一战擒单于。
常怀感激心，愿效纵横谟⑩。
倚剑欲谁语？关河空郁纡⑪。

选自《高适诗集编年笺注》

①卢龙塞：古关塞名，北齐、隋、明长城的关口，即今河北迁西潘家口。《水经注》卷十四："濡水又东南迳卢龙塞……卢龙之险，峻坂萦折。"

②亭堠：古代建筑在边境上用来侦察瞭望敌情的建筑。

③北溟：古人想象中的北方最远的大海，这里指北疆。

④胡骑：一名"虏骑"。

⑤转斗：久战的意思。

⑥和亲：为了一定的政治目的，汉族封建统治者指导自己的女儿或者宗室女儿嫁给少数民族首领。《史记·匈奴列传》："高帝乃使刘敬奉宗室女公主为单于阏氏，……约为昆弟以和亲。"

⑦李将军：指西汉名将李广。李广善骑射，汉武帝时任右北平（今河北省北部）太守，使匈奴数年不敢南侵，并称他为"飞将军"。一说指信安王李祎。开元二十年（公元732年），唐玄宗命李祎为河东、河北行军副大总管，率军讨伐契丹叛军，大获全胜。

⑧出皇都：一作临此都。节：即符节，古代朝廷和使臣各拿其一，使用两部分结合才能作为证据。

⑨总戎：统率。

⑩纵横谟：纵横是合纵连横的简语。战国时弱国联合进攻强国，称为合纵。随从强国去进攻弱国，称为连横，也叫连衡。战国后期，秦最强大，合纵就是指齐、楚、燕、韩、赵、魏等国联合抗秦，连横就是指这些国家中的某几国跟从秦国进攻其他国家。后把经营治理国家的想法计谋称为纵横计或纵横谟。谟：计谋、谋略。

⑪郁纡：忧愁。纡：屈也。郁：愁也。这里既指关塞山河的曲折，也指心中的郁闷愁苦。

寄哥舒仆射

唐·韩翃

万里长城家，一生唯报国。
腰垂紫文绶，手控黄金勒。
高视黑头翁，遥吞白骑贼。
先麾牙门将，转斗黄河北。
帐下亲兵皆少年，锦衣承日绣行缠。
辘轳宝剑初出鞘，宛转角弓初上弦。
步人抽箭大如笛，前把两矛后双戟。
左盘右射红尘中，鹘入鸦邢有谁敌！
杀将破军白日余，回旃舞旆北风初。
郡公楯好磨墨，走马为君飞羽书。

选自《全唐诗》

塞下曲

唐·张仲素

朔雪飘飘开雁门，平沙历乱卷蓬根。
功名耻计擒生数，直斩楼兰报国恩。

选自《乐府诗集》

疲兵篇

唐·刘长卿

骄虏乘秋下蓟门，阴山日夕烟尘昏。
三军疲马力已尽，百战残兵功未论。
阵云泱漭屯塞北，羽书纷纷来不息。
孤城望处增断肠，折剑看时可沾臆。
元戎日夕且歌舞，不念关山久辛苦。
自矜倚剑气凌云，却交闻笳泪如雨。
万里飘飖空此身，十年征战老胡尘。
赤心报国无片赏，白首还家有几人。
朔风萧萧动枯草，旌旗猎猎榆关道。
汉月何曾照客心，胡笳只解催人老。
军前仍欲破重围，闺里犹应愁未归。
小妇十年啼夜织，行人九月忆寒衣。
饮马滹河晚更清，行吹羌笛远归营。
只恨汉家多苦战，徒遗金镞满长城。

选自《全唐诗》

夕烽

唐·杜甫

夕烽来不近，每日报平安。
塞上传光小，云边落点残。
照秦通警急，过陇自艰难。
闻道蓬莱殿，千门立马看。

选自《全唐诗》

北庭作

唐•岑参

雁塞通盐泽，龙堆接醋沟。
孤城天北畔，绝域海西头。
秋雪春仍下，朝风夜不休。
可知年四十，犹自未封侯。

选自《岑参集校注》

玉门关与盖将军歌

唐•岑参

盖将军，真丈夫。
行年三十执金吾，身长七尺颇有须。
玉门关城迥且孤，黄沙万里白草枯。
南邻犬戎北接胡，将军到来备不虞。
五千甲兵胆力粗，军中无事但欢娱。
暖屋绣帘红地炉，织成壁衣花氍毹。
灯前侍婢泻玉壶，金铛乱点野酡酥。
紫绂金章左右趋，问著只是苍头奴。
美人一双闲且都，朱唇翠眉映明眸。
清歌一曲世所无，今日喜闻《凤将雏》。
可怜绝胜秦罗敷，使君五马谩踟蹰。
野草绣窠紫罗襦，红牙缕马对樗蒱。
玉盘纤手撒作卢，众中夸道不曾输。
枥上昂昂皆骏驹，桃花叱拨价最殊。
骑将猎向城南隅，腊日射杀千年狐。
我来塞外按边储，为君取醉酒剩沽。
醉争酒盏相喧呼，忽忆咸阳旧酒徒。

选自《岑参集校注》

塞上曲二首（选一）

唐·戴叔伦

汉家旌帜满阴山，不遣胡儿匹马还。
愿得此身长报国，何须生入玉门关！

选自《全唐诗》

送刘判官赴丰州[①]

唐·卢纶

衔杯吹急管，满眼起风砂。
大漠山沈雪，长城草发花。
策行须耻战，虏在莫言家。
余亦祈勋者，如何别左车。

选自《全唐诗》

①一作《赴天德军》。

从军行

唐•李昂

汉家未得燕支山，征戍年年沙朔间。
塞下长驱汗血马，云中恒闭玉门关。
阴山瀚海千万里，此日桑河冻流水。
稽洛川边胡骑来，渔阳戍里烽烟起。
长途羽檄何相望，天子按剑思北方。
羽林练士拭金甲，将军校战出玉堂。
幽陵异域风烟改，亭障连连古今在。
夜闻鸿雁南渡河，晓望旌旗北临海。
塞沙飞淅沥，遥裔连穷碛。
玄漠云平初合阵，西山月出闻鸣镝。
城南百战多苦辛，路傍死卧黄沙人。
戎衣不脱随霜雪，汗马骖单长被铁。
杨叶楼中不寄书，莲花剑上空流血。
匈奴未灭不言家，驱逐行行边徼赊。
归心海外见明月，别思天边梦落花。
天边回望何悠悠，芳树无人渡陇头。
春云不变阳关雪，桑叶先知胡地秋。
田畴不卖卢龙策，窦宪思勒燕然石。
麾兵静北垂，此日交河湄。
欲令塞上无干戚，会待单于系颈时。

选自《全唐诗》

送友人出塞

唐·薛能

榆关到不可，何况出榆关。
春草临岐断，边楼带日闲。
人归穹帐外，鸟乱废营间。
此地秋堪想，霜前作意还。

选自《全唐诗》

冀东形制完备的明长城

度关山

唐•李端

雁塞日初晴，狐关雪复平。
危楼缘广漠，古窦傍长城[①]。
拔剑金星出，弯弧玉羽鸣。
谁知系虏者[②]，贾谊是书生[③]。

选自《乐府诗集》

登长城

唐•李益

汉家今上郡[④]，秦塞古长城。
有日云长惨，无风沙自惊。
当今圣天子，不战四夷平[⑤]。

选自《全唐诗》

①古窦：古代的地穴。

②系；拴缚、拘囚。

③贾谊：（前200—前168），西汉大臣，政论家。雒阳（今河南洛阳）人。二十岁汉文帝召为博士，一年后升太中大夫。因主张改革政治，遭权贵忌妒、毁谤，贬为长沙王太傅、梁怀王太傅。曾多次上书，建议削弱诸侯王势力，抵抗匈奴侵略，劝农立本等，但未得施展。

④上郡：古郡名。战国魏文侯置。秦代治所在肤施（今榆林东南），汉辖境相当今无定河流域及内蒙古鄂托克旗等地。建安二十年（公元215年）废。隋大业及唐天宝、至德时又曾分别改城郡、绥州为上郡。

⑤四夷：四方边远之地。

长城闻笛

唐•杨巨源

孤城笛满林[1]，断续共霜砧[2]。
夜月降羌泪[3]，秋风老将心[4]。
静过塞垒遍[5]，暗入故园深。
惆怅梅花落[6]，山川不可寻[7]。

选自《全唐诗》

筑城曲

唐•张籍

筑城去[8]，千人万人齐把杵[9]。
重重土坚试行锥[10]，军吏执鞭催作迟。
来时一年深碛里[11]，著尽短衣渴无水[12]。
力尽不得休杵声。杵声未定人皆死。
家家养男当门户[13]，今日作君城下土。

选自《乐府诗集》

①孤城：指处在群山包围中的长城城堡。
②砧：捣衣石。此句是说笛声和着秋天里断断续续的捣衣声一起传送。
③降羌：戍守长城的归降羌人。唐朝廷常让领队于唐的各族人戍边。
④秋风老将心：秋风勾起老将的心绪。庾信《小园赋》："荆轲有寒水之悲，苏武有秋风之别。"
⑤过塞垒遍：笛声静静地传遍了塞上的营垒。塞，一作寒。
⑥梅花落：曲名。《乐府诗集》收《梅花落》于《横吹曲》。辞曰："梅花落，本笛中曲也……今曲声犹有存者。"惆怅：伤感。
⑦山川不可寻：（笛声）没入山川听不见了。
⑧去：一作处。城：边城、长城。
⑨把杵：一作抱杵。杵：夯土的工具。
⑩试行锥：是说看城土筑得是否坚固，要拿铁锥刺下去探测。
⑪深碛里：沙漠戈壁深处。
⑫著尽：一作"尽着"。
⑬当门户：支撑门户的意思。

塞下曲

唐•戎昱

北风凋白草，胡马日骎骎。
夜后戍楼月，秋来边将心。
铁衣霜露重，战马岁年深。
自有卢龙塞，烟尘飞至今。

选自《乐府诗集》

塞寒行

唐•温庭筠

燕弓弦劲霜封瓦，朴簌寒雕睇平野。
一点黄尘起雁喧，白龙堆下千蹄马。
河源怒浊风如刀，剪断朔云天更高。
晚出榆关逐征北，惊沙飞迸冲貂袍。
心许凌烟名不灭，年年锦字伤离别。
彩毫一画竟何荣，空使青楼泪成血。

选自《全唐诗》

自萧关望临洮

唐·朱庆余

玉关西路出临洮，风卷边沙入马毛。
寺寺院中无竹树，家家壁上有弓刀。
惟怜战士垂金甲，不尚游人著白袍。
日暮独吟秋色里，平原一望戍楼高。

选自《全唐诗》

塞外月夜寄荆南熊侍御

唐·武元衡

南依刘表北刘琨，征战年年箫鼓喧。
云雨一乖千万里，长城秋月洞庭猿。

选自《全唐诗》

横吹曲辞·梅花落

唐·刘方平

新岁芳梅树，繁苞四面同。
春风吹渐落，一夜几枝空。
小妇今如此，长城恨不穷。
莫将辽海雪，来比后庭中。

选自《全唐诗》

失　题①

唐•许棠

独夜长城下，孤吟近北辰。
半天初去雁，穷碛远来人。
月黯氛埃积，风膻帐幕邻。
惟闻防虏寇，不语暗伤神。

选自《全唐诗》

饮马长城窟行

唐•王建

长城窟，长城窟边多马骨。
古来此地无井泉，赖得秦家筑城卒②。
征人饮马愁不回，长城变作望乡堆③。
蹄迹未干人去近，续后马来泥污尽。
枕弓睡著待水生④，不见阴山在前阵。
马蹄足脱装马头，健儿战死谁封侯。

选自《乐府诗集》

①一作《送前汝州李侍御罢归宣城》第二首。
②赖得：依靠着才有。
③望乡堆：古代征人戍边或旅人流落异地，在怀念家乡时，往往堆土为高台以眺望家乡。
④著："着"的本字。待水生：等待长城窟中泉水生出来。

经檀道济故垒

唐•刘禹锡

万里长城坏，荒营野草秋。
秣陵多士女，犹唱白符鸠。

选自《全唐诗》

筑 城 曲

唐•元稹

年年塞下丁①，长作出塞兵。
自从冒顿强②，官筑遮虏城③。
筑城须努力，城高遮得贼。
但恐贼路多，有城遮不得。
丁口传父言，莫问城坚不？
平城被虏围④，汉斸城墙走⑤。
因兹请休和，虏往骑来过。
半疑兼半信，筑城犹嵯峨⑥。
筑城安敢烦，愿听丁一言。
请筑鸿胪寺⑦，兼愁虏出关。

选自《乐府诗集》

①塞下丁：边塞下的成年男子。

②冒顿：秦末汉初时的匈奴单于。公元前209年杀其父自立，有士兵号称三十万。西汉初年经常南下侵扰，直接威胁着西汉政权。这里泛指敌国的君主。

③遮虏城：遮挡敌人的城墙城堡。

④平城：古县名，秦置，治所在今山西大同市东北。汉、北魏、北齐长城皆经过此地。公元前200年汉高帝率军迎击匈奴的入侵，被围于城东白登山。

⑤斸，大锄。引申为掘。

⑥嵯峨：高峻貌。

⑦鸿胪寺：官署名。汉武帝时称大鸿胪，掌接待少数民族使者及郡国到京师的官员。北齐始置鸿胪寺，历代沿置。唐曾度改鸿胪寺为同文寺。司宾寺，旋复旧。鸿胪所掌蕃国朝觐之礼及诸蕃册立会盟吊祭等。南宋、金、元皆不置鸿胪寺，明清复置，至清末废。主官为鸿胪寺卿。此句是希望搞好外交的意思。

于河北省境内发现的明代长城砖窑（陈玉 摄）

晴日嘉峪关

骢　马

唐·万楚

金络青骢白玉鞍，长鞭紫陌野游盘。
朝驱东道尘恒灭，暮到河源日未阑。
汗血每随边地苦，蹄伤不惮陇阴寒。
君能一饮长城窟，为报天山行路难。

选自《全唐诗》

长　城

唐·鲍溶

蒙恬虏生人①，北筑秦氏冤。
祸兴萧墙内，万里防祸源②。
城成六国亡③，宫观岂千年④。
生人半为土，何用空中原。
奈何天下人，骨肉尚酹恩⑤。
投沙拥海水，安得久不翻。
乘高惨人魂，寒日易黄昏。
白骨贯折矢⑥，砂中如有言。
万古骊山下⑦，徒悲野火燔⑧。

选自《全唐诗》

①蒙恬：（？—前210），秦朝将领。其祖先本齐人，自祖父蒙骜起世代为秦重臣。秦统一六国后，蒙恬率兵三十万击退匈奴，收复河南（今内蒙河套一带）地，并修筑长城，起临洮，至辽东，居外十余里，威震匈奴。始皇死后，赵高立二世，矫诏逼令自杀。相传他首制毛笔。恬：一作“公”。

②祸源：灾祸的来源，指匈奴。

③城成六国亡：长城修成了六国也就亡了。六国：指战国时除秦国外的齐、楚、燕、韩、赵、魏六国，这六国和秦国都曾在自己的领土上修筑过长城。

④宫观：供帝王游憩的离宫别馆。《史记·秦始皇本纪》：“咸阳之旁二百里内，宫观二百七十。”

⑤酹恩：以酒洒地表示恩情。

⑥白骨贯折矢：白骨上还贯穿着折断的箭头。一作“枯骨贯朽铁”。

⑦骊山：一称郦山，亦称丽山。在陕西省临潼县城东南，因山形似马而得名（一说古骊戎居此得名）。相传山上有烽火台，为周幽王举烽戏诸侯处。北麓有秦始皇陵，西北有唐华清池故址。《史记·秦始皇本纪》：“始皇初即位，穿治郦山，及并天下，天下徒送诣七十万人，穿三泉，下铜而致椁。”《汉书·贾山传》：“始皇葬丽山，吏徒数十万，旷日十年，下彻三泉。”

⑧野火燔：磷火在燃烧。《列子·天瑞》：“人血为野火也。”

平 城 下

唐•李贺

饥寒平城下，夜夜守明月。
别剑无玉花[①]，海风断鬓发[②]。
塞长连白空[③]，遥见汉旗红[④]。
青帐吹短笛，烟雾湿画龙[⑤]。
日晚在城上，依稀望城下。
风吹枯蓬起，城中嘶瘦马。
借问筑城吏：去关几千里？
惟愁裹尸归[⑥]，不惜倒戈死[⑦]！

选自《全唐诗》

①玉花：锋利武器上印的如玉石般的花纹。别剑：告别家时所带的剑。

②海风：指从沙漠翰海刮来的风。

③白空：形容空旷得与天相连之颜色与形状。

④汉旗：泛指长城内外汉地之旗帜。

⑤画龙：指旗帜上所画的龙的图案。

⑥裹尸归：《后汉书•马援传》载马援语：“男儿要当死于边野，以马革裹尸还葬耳。何能卧床上，在儿女子手中耶？”此处指非战死的裹尸而归。

⑦倒戈死：人战死而戈倒于地。最后两句表达了筑城士兵宁愿去战死而不愿饥寒致死的悲愤。

饮马长城窟行

唐·陈标

日日风吹虏骑尘[①]，年年饮马汉营人[②]。
千堆战骨哪知主[③]，万里枯沙不辨春。
浴谷气寒愁坠指[④]，断崖冰滑恐伤神。
金鞍玉勒无颜色[⑤]，泪满征人怨暴秦[⑥]。

选自《全唐诗》

长　城

唐·朱庆余

秦帝防胡虏，关心倍可嗟。
一人如有德，四海尽为家。
往事乾坤在，荒基草木遮[⑦]。
至今徒者骨[⑧]，犹自哭风沙。

选自《全唐诗》

①虏骑尘：敌骑践起的尘土。
②汉营人：汉家军营里的人，指汉军士兵。汉：代指中原政权。
③主：物主。这里指骨头的属主。
④浴谷：浸染山谷。
⑤玉勒：用玉做的马头上带嚼的笼头。
⑥人：一作“衣”。
⑦荒基：指秦长城的残垣。
⑧徒者骨：被判处徒刑而服劳役的人的尸骨。徒者：这里指发配到边关修筑守戍长城者。

明代长城防御设施——瓮城

边上闻笳

唐·杜牧

何处吹笳薄暮天，
塞垣高鸟没狼烟。
游人一听头堪白，
苏武争禁十九年？

选自《全唐诗》

续古二十九首（其十二）

唐·陈陶

秦家无庙略，遮虏续长城。
万姓陇头死，中原荆棘生。

选自《全唐诗》

筑　城（三首）

唐•曹邺

郎有蘼芜心①，妾有芙蓉质②。
不辞嫁与郎，筑城无休日。

呜呜啄人鸦③，轧轧上城车④。
力尽土不尽，得归亦无家。

筑人非筑城⑤，围秦岂围我⑥。
不知城上土，化作宫中火⑦。

选自《全唐诗》

出　塞

唐•马戴

金带连环束战袍，马头冲雪度临洮。
卷旗夜劫单于帐，乱斫胡儿缺宝刀。

选自《乐府诗集》

①蘼芜心：指不忘旧情的心。古乐府“上山采蘼芜，下山逢故夫”句，诗中叙述了故夫念旧的感情。蘼芜：香草名，亦名“江蓠”。古人相信蘼芜可使妇人多子。

②芙蓉质：芙蓉花一样的美质。芙蓉：莲（荷）的别称。

③呜呜：乌鸦的叫声。

④轧轧：车行发出的声音。

⑤筑人非筑城：指筑城人大批死亡，城墙犹如以尸骨堆成。

⑥围秦岂围我：言筑长城是为保卫秦王朝，哪里是为我老百姓。

⑦化作宫中火：指楚霸王项羽焚烧阿房宫，火烧三月不熄。

长　城

唐•于渍

秦王岂无德，蒙氏非不武①。
岂将版筑功②，万里遮胡虏③。
团沙世所难④，作垒明知苦⑤。
死者倍堪伤，僵尸犹抱杵。
十年居上郡，四海谁为主⑥？
纵使骨为尘，冤名不入土⑦。

选自《全唐诗》

长　城

唐•胡曾

祖舜宗尧自太平，秦皇何事苦苍生？
不知祸起萧墙内，虚筑防胡万里城。

选自《全唐诗》

①非不武：不是不能打仗。

②版筑：筑土墙，用两板相夹，装满泥土，以杵夯之使之坚实，然后撤板，则一板高的土墙就立起来了。古代西北一带长城大多是用此法筑起来的。

③遮胡虏：阻挡北方游牧民族的入侵者。

④团沙：团聚沙子。在西北版筑长城时土少沙多。

⑤作垒：建造营垒。

⑥四海谁为主：四海之内谁为君主。这里指秦二世继位后，实权落在赵高手里之事。

⑦冤名不入土：指蒙恬被秦二世和赵高谋害而蒙受的冤屈是不会被埋入土中的。

长　城

唐·罗邺

当时无德御乾坤[①]，广筑徒劳万古存。
谩役[②]生民防极塞，不知血刃起中原。
珠玑旋见陪陵寝[③]，社稷何曾保子孙。
降虏至今犹自说，冤声夜夜哭城根。

选自《全唐诗》

筑　城　曲

唐·陆龟蒙

城上一掊土，手中千万杵。
筑城畏不坚，坚城在何处[④]？
莫叹筑城劳，将军要却敌[⑤]。
城高功亦高[⑥]，尔命何足惜[⑦]。

选自《乐府诗集》

①御乾坤：治理天下。

②谩役：胡乱地役使。防极塞：防守遥远的边塞。

③珠玑：各种各样的珠宝。王逸注《楚辞·七谏·谬谏》："圜泽为珠，廉隅为玑。"玑：不圆的珠。旋见：很快就见到。陪陵寝：陪葬于陵寝。陵寝，帝王的陵墓寝庙。

④坚城在何处：坚固的城墙又在哪里呢？意思是说要使城墙坚固，并不在于修筑方面，这句也是对下文的概括提示。

⑤却敌：退避敌人。

⑥功：功绩。指将军的功劳。

⑦尔：你，指筑城卒。

北京境内的石砌长城

边塞风光嘉峪关

塞上曲

唐•周朴

一阵风来一阵沙，有人行处没人家。
黄河九曲冰先合[①]，紫塞三春不见花[②]。

选自《乐府诗集》

赋得长城斑竹杖

唐•李频

秦兴版筑时，翦伐不知谁。
异代余根在，幽人得手持。
细看生古意，闲倚动边思。
莫作鸠形并，空将鹤发期。

选自《全唐诗》

长城

唐•汪遵

秦筑长城比铁牢，蕃戎不敢过临洮。
虽然万里连云际，争及尧阶三尺高[③]。

选自《全唐诗》

①黄河九曲：弯弯曲曲的黄河。九：泛指多数，而非实指。

②紫塞三春：长城一带阴历三月。紫塞：指长城。晋崔豹《古今注》："秦筑长城，土色皆紫，汉塞亦然，故称紫塞。"三春：旧称阴历正月为孟春，二月为仲春，三月为季春，合称三春。亦指春季的第三个月，即阴历三月。

③尧阶：唐尧堂上的台阶。这里喻指唐尧俭朴的德政。《墨子》："尧堂高三尺，土阶三等，茅茨不剪，采椽不斫。"指尧的节俭。唐尧，中国古代传说中的贤明帝王。

长　城

唐•褚载

秦筑长城比铁牢，蕃戎不敢过临洮。
焉知万里连云色[1]，不及尧阶三尺高。

选选自《全唐诗》

拟塞外征行

唐•王贞白

寇骑满鸡田[2]，都护欲临边[3]。
青泥方绝漠[4]，怀剑始辞燕。
旌旗挂龙虎，壮士募鹰鹯。
长城威十万[5]，高岭奋三千[6]。
行行向马邑[7]，去去指祁连。
鼓声遥赤塞，兵气远冲天。
对阵云初上，临城月始悬。
风惊烽易灭，沙暗马难前。
恩重恒思报，劳心屡损年。
微功一可立，身轻不自怜[8]。

选自《全唐诗》

①下焉知：安知，怎么知道。诗人针对汪遵在《长城》诗中提出的观点，反唇相讥，认为秦筑长城阻挡“蕃戎”的历史功绩是不容否定的。

②寇骑：敌人的骑兵。鸡田：古地名。在今宁夏回族自治区灵武一带。

③都护：官名，意即总监。汉宣帝时设西域都护，为驻在西域地区的最高长官。东汉、魏、晋时有都护、都护将军，为统率诸将之官，唐代自太宗至武则天时，先后设置安西、安北、单于、北庭、安东、东夷等六个大都护府，每府有大都护、副都护，管理辖境的边防、行政和各族事务。

④青泥：地名。在今陕西省蓝田一带，是古代的险要之地。方：通“旁”。绝漠：极远的沙漠地区。

⑤威十万：有十万威严的士兵。

⑥高岭奋三千：险峻的山地有三千奋勇的士兵。

⑦马邑：古地名，在今山西朔县一带。

⑧身轻不自怜：舍身而不顾惜自己。

从长城敌楼上远眺塞外河山

和李秀才边庭四时怨

唐·卢汝弼

春风昨夜到榆关，故国烟花想已残[1]。
少妇不知归未得，朝朝应上望夫山。

卢龙塞外草初肥，雁乳平芜晓不飞。
乡国近来音信断[2]，至今犹自著寒衣。

八月霜飞柳半黄，蓬根吹断雁南翔。
陇头流水关山月[3]，泣上龙堆望故乡[4]。

朔风吹雪透刀瘢，饮马长城窟更寒。
半夜火来知有敌，一时齐保贺兰山。

选自《全唐诗》

①烟花：指春天艳丽的景物。

②乡国：故乡、家乡。国，在此指一方地域。

③陇头流水：即陇头流水歌，乐府《鼓角横吹曲》名，南朝梁所收北朝民歌，共三首。写征人行经曲折高峻的陇坂，征途辛苦，发为悲歌。关山月：乐府汉《横吹曲》名，内容多写兵士久戍不归和家人互伤离别的情景。

④龙堆：即白龙堆。在新疆天山南麓。

长　城

唐·苏拯

嬴氏设防胡，烝沙筑冤垒[①]。
蒙公取勋名，岂算生民死。
运畚力不禁，碎身砂碛里。
黔黎欲半空[②]，长城春未已[③]。
皇天潜鼓怒[④]，力化一女子[⑤]。
遂使万雉崩[⑥]，不尽数行泪。
自古进身者，本非陷物致。
当时文德修，不到三世地[⑦]。

选自《全唐诗》

饮马长城窟行

唐·子兰

游客长城下，饮马长城窟。
马嘶闻水腥，为浸征人骨。
岂不是流泉，终不成潺湲。
洗尽骨上土，不洗骨中冤。
骨若不流水，四海有还魂。
空流呜咽声，声中疑是言。

选自《乐府诗集》

①烝：众多的意思。又同“蒸”，可释为麻杆一类的植物。西北地区筑长城多是一层沙土一层麻杆红柳一类的植物。冤垒：指长城。
②黔黎：指百姓。黔，黔首，战国及秦代对国民的称谓。黎：黎民、众民。一说黎民为黑发之人，又一说指九黎之民。
③春未已：用杵捣土没有结束。
④潜鼓怒：暗中鼓起盛气。
⑤力化一女子：力量化作一个女子。化：犹生。一女子：指杞梁妻，孟姜女。
⑥万雉崩：指长城崩裂倒塌。雉：古代计算城墙面积的单位。高一丈、长三丈为一雉。
⑦三世地：第三世的地域。这里指秦王朝二世而亡。

杞梁妻①

唐•贯休

秦之无道兮四海枯，筑长城兮遮北胡。
筑人筑土一万里②，杞梁贞妇啼呜呜。
上无父兮中无夫，下无子兮孤复孤。
一号城崩塞色苦，再号杞梁骨出土。
疲魂饥魄相逐归，陌上少年莫相非。

选自《乐府诗集》

秦家行

唐•无名氏

彗孛飞光照天地，九天瓦裂屯冤气。
鬼哭声声怨赵高，宫花滴尽扶苏泪。
祸起萧墙不知戢，羽书催筑长城急。
剑上忠臣血未干，沛公已向函关入。

选自《全唐诗》

①杞梁妻："杞梁之妻"最早见于《左传》,而杞梁之妻哭夫崩城屡见于汉朝人的记载。汉刘向《列女传》载："庄公袭莒，殖（即杞梁）战而死……杞梁之妻无子，内外无五属之亲。既无所归，乃就其夫之尸于城下而哭之。内諴感人，道路过者莫不为之挥涕。十日（一作七日）而城为之崩。既葬，曰：'吾何归矣！夫妇人必有所倚者也；父在则倚夫，夫在则倚夫，子在则倚子，今吾上则无父，中则无夫，下则无子，内无所依见吾诚，外无所依立吾节，吾岂能更二哉，亦死而已！'遂赴淄水而死。"到唐朝就有了杞良妻孟仲姿哭倒秦始皇所筑长城的故事。在唐与五代间的敦煌写本中，杞梁妻就成了孟姜女："孟姜女，杞梁妻，一去烟山更不归。造得寒衣无人送，不免自家送征衣。"以后这故事渐渐演变成我国四大民间传说之一的《孟姜女的故事》。

②筑人筑土：东晋时匈奴贵族赫连勃勃筑统万城，铁锥刺入一寸，即杀筑城人并把其埋入城体里，这里似借此事喻秦始皇筑长城之无道。

定 西 番

唐•牛峤

紫塞月明千里。
金甲冷，
戍楼寒，
梦长安。

乡思望中天阔。
漏残星亦残，
画角数声呜咽。
雪漫漫。

选自《全唐诗》

捣 练 子

唐朝民歌

孟姜女，杞梁妻，
一去燕山更不归。
造得寒衣无人送，
不免自家送征衣。

长城路，实难行，
乳酪山下雪纷纷。
吃酒则为隔饭病，
愿身强健早还归。

选自《敦煌曲子词集》

20 世纪 30 年代的古北口长城水关侧面

20 世纪 30 年代的古北口长城水关正面

奉使契丹过塞[①]

宋•欧阳修

古关衰柳聚寒鸦，驻马城头日欲斜。
犹去西楼二千里[②]，行人到此莫思家。

选自《万里长城诗选》

过虎北口[③]

宋•韩琦

东西层巘入嵯峨[④]，关口才容数骑过。
天意本将南北限，即今天意又如何[⑤]？

选自《长城古诗二百首》

①奉使契丹过塞：一作《奉使契丹初至雄州》。契丹，这里指公元916年契丹族领袖耶律阿保机创建的契丹国。与北宋对峙，是统治中国北部的一个王朝，1125年为金所灭。

②西楼：契丹楼名，故址在今内蒙古巴林左旗西志石房子村。阿保机秋季狩猎多在此城举行。后建城，置祖州。

③古北口：长城关口，位于北京密云县北45公里处，是燕山山脉上南北交通咽喉之一。背依盘龙、卧虎二山，南接青风、叠翠二岭，潮河由北而来，万里长城将盘龙、卧虎二山连成一线，形势奇险。古北口原名“虎北口”，因关居卧虎山北而得名。古北口始建于唐代，辽时已派特使于此检查商人。金贞佑二年（公元1214年）在古北口建有铁门关。明初古北口为徐达所建第一批关城之一。关城雄踞山顶之上，名营城。此城在现在的东关，尚依稀可见其城墙遗址。古北口东侧，河北滦平县巴克什营花楼沟一带。有建于隆庆四年（公元1570年）长达40余里的砖结构长城，现保存完好，即金山岭长城。

④巘：大小成两截的山。嵯峨，高峻貌。

⑤即今天意又如何：指中国北部为契丹所据一事而发问。

喜迁莺

宋•蔡挺

霜天秋晓，
正紫塞故垒，
黄云衰草。
汉马嘶风，
边鸿叫月，
陇上铁衣寒早，
剑歌骑曲悲壮，
尽道君恩须报。
塞垣乐，
尽櫜鞬锦领，
山西年少。
谈笑，
刁斗静，
烽火一把，
时送平安耗。
圣主忧边，
威怀遐远，
骄虏尚宽天讨。
岁华向晚愁思，
谁念玉关人老。
太平也，
且欢娱，
莫惜金樽频倒。

选自《全宋词》

长垣北

宋•王安石

揽辔长垣北，貂寒不自持。
霜风急鼓吹，烟月暗旌旗。
骑火流星点，墙桑亚戟枝。
柴荆掩春梦，谁见我行时。

选自《王文公文集》

渔家傲·送张元唐省亲秦州

宋•苏轼

一曲阳关情几许，知君欲向秦川去。
白马皂貂留不住，回首处，孤城不见天霖雾。
到日长安花似雨，故关杨柳初飞絮。
渐见靴刀迎夹路，谁得似，风流膝上王文度。

选自《全宋词》

奉使契丹·绝句（二首）

宋·苏辙

（一）

乱山环合疑无路，小径萦回长傍溪。
仿佛梦中寻蜀道，兴州东谷凤州西。

（二）

日色映山才到地，雪花铺草不曾消。
晴寒不及阴寒重，揽箧犹存未著貂。

选自《长安客话》

过居庸①

宋·宇文虚中

峭壁从天折，悬流赴壑清。
路回穿石细，崖裂与藤争。
花已从南发，人今又北行。
节旄都落尽②，奔走愧平生。

选自《西关志》

①居庸，即居庸关，万里长城最负盛名的关隘之一，为北京西北的屏障，在今北京昌平县西北12公里。居庸关建在长达20公里原称为“关沟”的一条溪谷中，关口两侧高山陡峭，堪称天险。居庸之名，据说是秦始皇修长城时，徙居庸徒（庸，即强征来的民夫士卒）于此而得名。又有说战国时期燕国就在这一带设居庸塞。三国时名西关，北魏时修筑长城经过这里，北齐改为纳款关，并与长城相结合，唐时除称居庸外，亦称为蓟门关、军都关，辽、金、元、明、清皆称居庸关。居庸关在历史上早已以景色幽美而著名，“居庸叠翠”早在金代就被列为“燕山八景”之一。

②节旄：符节上用旄牛尾做的装饰。

饮马长城窟行

宋·周紫芝

长安城边边地永，万里沙场地无井。
秦人掘土土作城，城下窟深秋水冷。
汉家将军号都护，西征上陇寒日暮。
野驼跑水无处寻，饮马长城窟边去。
长城窟，古来战死多白骨。
征人半作马下尘，犹向阳山斗驰突。
去时寥天霜雁鸣①，归见玉关春草生。
将军功高封列城②，斗死伍符无姓名③。

选自《长城古诗二百首》

①寥天：广阔的天空。
②封列城：分封各自城邑。
③伍符：古代军中各伍（古军法五人为伍）相互作保的符信。这里指众多兵士。

出 榆 关

金 • 刘著

羽檄中原满，萍流四海间。
少时过桂岭，壮岁出榆关。
奇祸心如折，羁愁鬓已斑。
楚累千万亿，知有几人还。

选自《永平府志》

过雁门见雁①

金 • 王庭筠

家在孤云落照间，行人已上雁门关。
凭君为报平安信，才是云中第一山。

选自《中州雅府》

居 庸 关

金 • 蔡珪

乱石妨车毂②，深沙困马蹄。
天分斗南北，人转日东西。
倒脚柴荆短，平头土舍低。
山花两三树，笑杀五陵溪③。

选自《西关志》

①作《八月十五日过泥河见雁》。

②车毂：车轮的代称。毂：车轮中心的圆木，周围与车辐的一端相接，中有圆孔，用以插轴。

③五陵溪：可导往桃花源的武陵郡的一条溪水。东晋陶渊明《桃花源记》说桃花源在武陵（今湖南常德县），后常用桃花源或武陵源来代称世外的仙境和幽深的避世之地。

军中杂歌

宋•陆游

秦人万里筑长城，不如壮士守北平[①]。
晓来碛中雪一丈[②]，洗尽膻腥春草生[③]。

选自《剑南诗稿》

古　意

宋•陆游

千金募战士，万里筑长城。
何时青冢月，却照汉家营？

选自《剑南诗稿》

①北平：即北平郡，亦曰平州，在今河北省卢龙一带。
②碛：沙漠戈壁。
③膻腥：牛羊身上的异味，这里喻北方敌人。

1880年拍摄的八达岭长城

出八达岭[①]

金·刘迎

山险路已出，弥望尽荒坡[②]。
风土日渐殊，气象惟沙陁。
我老倦行役[③]，驰车此经过。
时节春已夏，土寒地无禾。
行路不肯留，奈此居人何[④]。
作诗无佳语，以代劳者歌。

选自《西关志》

古长城

金·李愈

秦筑万里城，保祚迄蟠际[⑤]。
阿房赤炬炎[⑥]，亡秦维二世。
勿谓约椓愚[⑦]，千秋资控制[⑧]。

选自《长城古诗二百首》

①八达岭：位于居庸关关沟的北口，与南口相对，为居庸关的门户。这里俯视居庸，远眺北京，居高临下，势若高屋建瓴，因此有“居庸之险不在关而在八达岭”之说。这里南通北京，北通延庆、永宁，西通沙城、宣化，道路四通八达，因此得名“八达岭”。八达岭岭口之间有一小关城，为明弘治十八年（公元1505年）修筑。八达岭长城是最早开辟为北京长城浏览胜地的地方。

②弥望：视野所及之处，谓阔远。

③行役：谓因服军役、劳役或公务而在外跋涉。

④奈此居人何：对在这里居住的人又怎么样？

⑤保祚迄蟠际：保卫国统到达国家周边。蟠：《经籍撰诂》：“蟠，犹周也。”

⑥阿房赤炬炎：阿房宫烈火熊熊。阿房宫，秦代的著名大建筑。宫的前殿筑于始皇三十五年（公元前212年），遗址在今西安市西阿房村，全部工程至秦亡时犹未完成，故未正式命名。时人因其前殿所在的地名为阿房，即称之为阿房宫。规模极为宏大，“东西五里，南北千步”（《汉书·贾山传》）。秦亡，为项羽所焚毁。现尚存高大的夯土台基，高约7米，长约1000米，为全国重点文物保护单位。

⑦勿谓约椓愚：不要说修筑长城是件愚蠢的事。约：屈曲，指长城走向。椓，槌筑。

⑧资控制：凭借着得以支配。此句是讲长城在历史上的作用。

饮马长城窟

宋•王炎

春风塞草青，边城区脱静①。
秋风塞草黄，边骑角弓劲。
秦人驱丁夫，筑城备匈奴。
城成有亏日②，匈奴无已时。
哀笳中夜起，战马竖双耳。
苍茫沙上月，幽咽陇头水。
征人悲故乡，闺人守空房。
安得霍嫖姚③，饮马瀚海旁。

选自《长城古诗二百首》

①区脱：同“瓯脱”，匈奴语称边境屯戍或守望之处。一说指双方都管辖不到的边境地带。

②亏：毁坏。

③嫖姚：指西汉名将霍去病。霍去病英武善射，汉武帝时为嫖姚校尉，先后六次击败匈奴贵族的侵略，解除了匈奴对汉朝的威胁。后拜为骠骑将军，封冠军侯。

饮马长城窟行

金•赵秉文

饮马长城窟，泉腥马不食。
长城城下多乱泉，多年冷浸征人骨。
单于吹落关山月，茫茫原上沙如雪。
十去征夫九不回，一望沙场心断绝。
胡人以杀戮为耕作[①]，黄河不尽人生血。
木波部落半萧条[②]，羌妇翻为胡地妾[③]。
圣皇震怒下天兵，天弧夜射旄头灭。
九州复禹迹，万里还耕桑。
但愿猛士守四方，更筑长城万里长。

选自《长城古诗二百首》

饮马长城窟

宋•戴复古

朔风凛高秋，黑雾翳白日[④]。
汉兵来伐胡，饮马长城窟。
古来长城窟，中有战士骨。
骨久化为泉，马来吃不得。
闻说华山阳[⑤]，水甘春草长。

选自《长城古诗二百首》

①胡人以杀戮为耕作：李白《战城南》有“匈奴以杀戮为耕作”句，此处是借用。

②木波部落：木波一带的部落。木波：在今甘肃省环县一带。

③羌妇：古羌族的妇女。古羌族，主要分布在今甘肃、青海、四川一带。殷周时，部分曾杂居中原。秦、汉时，部落众多，有先零、烧当、广汉、武都等部，其后又有宕昌、邓至、白兰、党项等部。部落分散，以游牧为主。与汉人杂处的部分羌人逐渐从事农耕。

④翳：遮蔽。

⑤华山阳：华山的南面。华山，五岳之一，世称西岳，在陕西华阳县南。

望 归 吟

金·元好问

塞云一抹平如截，塞草离离卧榆叶。
长城窟深战骨寒，万古牛羊饮冤血。
少年锦带佩吴钩，独骑匹马觅封侯。
去时只道从军乐，不道关山空白头。
北风吹沙杂飞雪，弓弦有声冻欲折。
寒衣昨夜洛阳来，肠断空闺捣秋月。
年年岁岁望还家，此日归期转未涯。
谁与南州问消息，几时重拜李轻车。

选自《元诗选初集》

筑 城 行

宋·刘克庄

万夫喧喧不停杵①，杵声丁丁惊后土②。
遍村开田起窑灶，望青斫木作楼橹③。
天寒日短工役急，白棒诃责如风雨。
汉家丞相方忧边，筑城功高除美官④。
旧时广野无城处，而今烽火列屯戍⑤。
君不见高城鬣鬣如鱼鳞⑥，城中萧疏空无人⑦。

选自《长城古诗二百首》

①喧喧：人多杂乱声。
②后土：大地，犹称天为“皇天”。
③斫木作楼橹：砍树木做楼橹。楼橹，侦望敌人的活动木楼，上面无盖顶。
④除：拜官授职。
⑤列屯戍：排列在边防屯兵驻守的营垒间。烽火：烽火台。
⑥鬣：指城堞的参差上下。
⑦萧疏：稀稀落落。城中：可视为长城城堡内。此句讲长城城堡是建起来了，可城堡里却没有人了。

饮马长城窟

宋•郑震

饮马长城窟，下见征人骨。
长城窟虽深，见骨不见心。
谁知征人心，怨杀秦至今。
北边风打山，草地荒漫漫。
五月方见青，七月霜便寒。
古来无井饮，赍带粮尽干①。
自从征人掘此窟，戍马饮之如飞翰②。
朝呷一口水③，暮破千里关。
秦皇极是无道理④，长城万里谁能比？

选自《长城古诗二百首》

①赍带：携带。
②飞翰：飞鸟。翰，赤羽的山鸡。戍马：军马。
③呷：吸饮。
④极是无道理：最是不讲道德和真理。联系下句，诗人把秦始皇与长城分开来看是很辩证的。

戈壁茫茫，长城遗迹隐约可见

悠悠万里行

宋·文珦

悠悠万里行，河畔草青青。
青草有衰歇，远行无期程。
秦既灭六国，驱民筑长城。
长城三千里，将以限北兵[①]？
城边沙水寒，饮马马悲鸣。
筑夫困久役，谁无乡土情？
父母念孝养[②]，室家叹孤零。
万一死于筑，白骨空支撑。
膏血脂草莽，魂魄亦飘零。
苦哉筑城人，举杵无乐声。
仁守国自固[③]，不仁祸斯宏。
祖龙不知此[④]，纵暴劳苍生。
高明鬼瞰室[⑤]，天道常恶盈[⑥]。
长城徒高高，不救秦祚倾[⑦]。
岂若唐虞君[⑧]，垂衣燕泰宁[⑨]。
至德亘千古，巍巍不可名。

选自《长城古诗二百首》

①限：阻隔。

②孝养：很好地侍奉父母并供养他们。

③仁守：即守仁，信守仁德。

④祖龙：指秦始皇。《史记·秦始皇本纪》："三十六年……'今年祖龙死'。"裴骃《集解》引苏林曰："祖，始也；龙，人君象，谓始皇也。"

⑤高明鬼瞰室：贵宠之人的住处鬼会窥看。扬雄《解嘲》："高明之家，鬼瞰其室。"高明，指地位尊贵的人。

⑥天道常恶盈：天理常常讨厌总是圆满。

⑦祚倾：国统倾颓。

⑧唐虞君：指唐尧、虞舜。古代传说中的两位贤明帝王。

⑨垂衣燕泰宁：垂衣裳拱手（喻无事）天下安宁。《易·系辞下》："黄帝尧舜垂衣裳而天下治。"后来用来歌颂统治者的治道。

长　城

宋•柴望

漠漠沙场万里遥，平天一日起临洮 。
若无道德为干橹，更是秦人筑欠高。

选自《长城古诗二百首》

塞 翁 行

元•刘因

塞翁少小垄上锄，塞翁老来能捕鱼。
宋家昔日塞翁行，屯田校尉功不如。
西山瀛海接千里，长城又见开长渠。
要将一水限南北，笑杀当年刘六符。
天教陂泽养雁鹜，留与金人赋子虚。
我来乡国览风土，仿佛挝鼓笛呜呜。
胸中云梦忽已失，酒酣怀古皆平芜。
昔年阻水群盗居，塞翁子孙杀欲无。
至今遗老向人泣，前宋监边无远图。

选自《元诗选初集》

古长城吟

元·郝经

长城万里长，半是秦人骨。
一从饮河复饮江，长城更无饮马窟。
金人又筑三道城，城南尽是金人骨。
君不见，城头落日风沙黄，北人长笑南人哭。
为告后人休筑城，三代有道无长城。

选自《历代名人咏长城》

长城

元·陈孚

驱车出长城，饮马长城窟。
朔云黄浩浩，万里见秋鹘。
白沙渺何处，腥风卷寒沙。
蒙恬剑下血，化作川上花。
祖龙一何愚，社稷付征杵[①]。
长城土未干，秦宫已焦土。
千载不可问，似闻鬼夜哭。
矫首武陵源[②]，红霞满川谷。

选自《长城古诗二百首》

①社稷付征杵：把国家托付给征发民夫修筑长城上。
②矫首：抬头。

长城外

南宋•汪元量

饮马长城窟，马繁水枯竭。
水竭将奈何，马嘶不肯歇。
君看长城中，尽是骷髅骨。
骷髅几千年，犹且未灭没。
空衔千年冤，此冤何时雪。
祖龙去已远，长城久迸裂。
叹息此骷髅，夜夜泣秋月。

选自《增订湖山类稿》

望江南·春睡起

南宋•金德淑

春睡起，积雪满燕山。
万里长城横玉带，六街灯火已阑珊。
人立蓟楼间。
空懊恼，独客此时还。
辔压马头金错落，鞍笼驼辈锦斓斑。
肠断唱阳关。

选自《增订湖山类稿》

送水云归吴

南宋·黄慧真

万叠燕山冰雪劲，万里长城风雨横。
君衣云锦勒花骢，此酒一杯何日更。

选自《增订湖山类稿》

塞上曲

南宋·张玉娘

为国劳戎事，迢迢出玉关。
虎帐春风远，铠甲清霜寒。
落雁行银箭，开月响镰环。
三更豪鼓角，频催乡梦残。
勒兵严铁骑，破虏燕然山。
宵传前路捷，游马斩楼兰。
归书语孀妇，一宵私昵难。

选自《长城名咏集》

至广州七十七

南宋·文天祥

南方瘴疠地，白马东北来。
长城扫遗堞，泪落强徘徊。

选自《文天祥诗全集》

居庸关

元·袁桷

太行领群山，万马高下拜。
平峦转城隍，隐隐南北界。
危坡互交牙，寒溜泻泙湃。
阴风涌元虬，巨石忽崩坏。
周遭青松根，下有古木寨。
石皮散青铜，云是旧战铠。
天险不足凭，历劫有成败。
驱车上林杪，出日浴光怪。
肃肃空岩秋，天风迅行迈。

选自《八达岭长城古诗咏》

弹琴峡

元·耶律柳溪

万叠高山如画图，峡名绿绮枕平芜。
风清时听琴三弄，人世知音问有无。

选自《八达岭长城古诗咏》

榆关古长城①

元 • 柳贯

道德藩墉亿万年②，长城一望朔云连③。
秦人骨肉皆为土，汉地封疆已罢边。
饮马窟深泉动脉，牧羝沙暖草生烟④。
神京近在元冥北⑤，万里开荒际幅员⑥。

选自《长城古诗二百首》

双调 · 折桂令 · 居庸叠翠

元 • 鲜于必仁

耸巅崖万仞秋容，
气共云分，势与天雄。
玉润玻璃，翠开松桧，金削芙蓉。
破山影低回去鸿，蘸岚光惊起游龙。
往灭狐踪，尘冷边烽。
海宇鲰生，愿上东封。

选自《八达岭长城古诗咏》

①榆关：古关名。《隋书 • 高祖记》："开皇三年三月癸亥城榆关。"此榆关当在今陕西松林一带，又一说在内蒙古东胜一带。明清际，"榆关""渝关"不甚分，常指今山海关一带。

②藩墉：屏障城墙，比喻捍卫。

③朔云连：朔州和云州连接在一起。朔州，北齐天保六年（公元 555 年）置，辖境约当今山西朔县一带；云州，唐贞观十四年（公元 640 年）置，辖境相当今山西长城以南、桑干河北地。又释为连上了北方的云天。

④牧羝：放牧公羊。

⑤元冥：一作玄冥，司北方之神。神京：指元上都。

⑥际幅员：遍及疆域。幅员，地区狭称幅，周围为员（圆），合指疆域。万里：一作"九域"。

居庸行赴上都道中作①

元·揭奚斯

昔望居庸南，今出居庸北。
岩峦争吞吐，风水清且激。
逶迤数十里，曲折殊未息。
关门南向当天开，马如流星车如雷。
荒鸡一鸣关吏起②，列宿惨淡云徘徊③。
山盘盘，石围围④；山如龙，石如虎。
龙怒欲腾虎欲舞，太行余势犹如许。
昔不容单车，今马列什伍⑤。
圣人有道关门开，关门开处千万古。

选自《西关志》

①上都：蒙古宪宗六年（公元1256年）忽必烈营建城郭宫室于滦水北。中统元年（公元1260年）即帝位于此，初称开平府。四年加号上都。自后岁常巡幸。终元一代与大都并称两都，上都规模大于成吉思汗时期的和林（今蒙古人民共和国北杭爱省鄂尔浑河上游右岸厄尔德尼召北），小于大都城（今北京市）。故址在今内蒙古正蓝旗东闪电河北岸。

②荒鸡：在半夜不照一定时间啼叫的鸡。

③列宿惨淡：二十八星宿暗淡无光。

④围围：团紧不展的样子。

⑤什伍：古代军队编制，五人为伍，十人为什，称什伍，亦泛指军队的基层建制。

居庸关

元·贡奎

居庸关高五十里，　壁立两崖雄对峙。
回峰作势遮欲断，　百曲盘旋如磨蚁。
阴风白昼吹飕飕，　乱石当溪泉啮齿。
道狭才通车一轮，　贯尾钩连行不止。
我从北来识此险，　巫峡镵天差可拟。
但愿平生足游览，　何用藏书岩穴里。
马鸣关度日未斜，　黄鹄远趁征云起。
安得有酒令我歌，　如城之愁今已矣。

选自《钦定日下旧闻考》

榆　林

元·黄溍

崇崇道旁土，云是古长城。
却寻长城窟，饮马水不腥。
斯人亦何幸，生时属休明[①]。
向来边陲地，今见风尘清。
禾黍被行路，牛羊散郊坰[②]。
儒臣忝载笔[③]，帝力犹难名[④]。

选自《西关志》

①休明：美好清明。
②坰：遥远的郊野。《尔雅·释地》："邑外谓之郊，郊外谓之牧，牧外谓之野，野外谓之林，林外谓之坰。
③儒臣忝载笔：儒臣们愧于在史册上被记下名字。儒臣，古称博士官为儒臣，泛指读书人出身的或有学问的大臣。忝：有愧于。
④犹：通"倚"，依靠。

出　都

元·马祖常

长城怀古处，身在日华东。
水出卢龙塞，山连碣石宫。
沙鸥终自白，霜树忽然红。
云海鸿濛气，归帆杳霭中。

选自《田石先生文集》

长　城

元·周权

长城峨峨起洮水①，盘踞蜿蜒九千里。
朔云浩浩天茫茫，悲笳落日腥风起。
犹传鬼神风雨夕，知是当时苦苛役。
征人白骨掩寒沙，化作年年春草碧。
祖龙为谋真过计，自成限域非天意②。
力穷城杵怨气沉，祸起萧墙险难恃。
岂知一朝貔貅来关东③，咸阳宫殿三月红④。

选自《长城古诗二百首》

①洮水：即洮河，黄河上游支流，在甘肃省西南部，源出甘肃青海两省边境西倾山东麓，东流到岷县折向北，经临洮县到永靖县城附近入黄河，秦长城西端在临洮。

②自成限域：自已将疆域局限起来，谓用长城限制疆域。

③貔貅：传说中的一种猛兽，比喻勇猛的军士，此处指楚霸王项羽的军队。关东：函谷关东。

④三月红：大火烧了三个月。《史记·项羽本纪》载，项羽引兵西屠咸阳，杀秦降王子婴，烧秦宫室，“火三月不灭”。

滦京杂咏(选四)

元·杨允孚

宫车次第起昌平，烛炬千笼列火城。
才入居庸三四里，珠帘高揭听啼莺。

居庸千古翠屏环，飞骑将军驻两关。
万里车书来上国，太平弓矢护青山。

断堤遗址古长城，一径中分万柳青。
年少每忺春酒美，诗人偏厌绮罗腥。

万古龙门镇两京，悬崖飞瀑一般清。
天连翠壁千寻险，路绕寒流百折横。

选自《钦定四库全书》

喜逢口歌[1]

元·许有壬

儿寒解衣重抚摩，儿饥推食孰忍诃？
长成与国远负戈，一去不返当如何？
去时云戍东北鄙，直出渝关度辽水。
白头老翁形影俱，岂惮山川千万里。
天教此地适相逢，父曰从天坠吾子。
笑疲乐极俱殒身，谁谓情钟遽如此。
官家开边方未已，同生又别宁同死。
山云漠漠风飕飕，山头双冢知几秋。
当时不忍一朝喜，今日翻飞千载愁。
犹胜贞女化为石[2]，终古孤身双不得。
清江寒影日悠悠，行人一去无消息。

选自《长安客话》

饮马窟

元·杨维桢

长城饮马窟，饮马马还惊。
宁知呜咽水，犹作宝刀鸣。

选自《元诗选》

①喜逢口：即喜峰口。位于今河北省迁西县城北30公里处。古时称“兰陉”，亦称“松亭关”，为出关的交通要冲之地，也是明代北方蒙古族进贡的主要通道。关口左右高山对拱，地势险要。喜峰口原名喜逢口，相传古时有人久戍不归，家中不知其生死所在，遍访寻求，恰巧在此相逢，父子喜极而亡，关因此而得名。明永乐后改名喜峰口，明景泰三年（公元1452年）建关，关门上建有镇远楼。喜峰口关建筑结构十分独特，关有三重，三重关门之间由坚固的石基砖墙连结成一体。城墙的六个接触点均有空心敌楼驻兵戍守，关东西城墙与万里长城主体相连。关口东南2.5公里有喜峰城。自1967年潘家口水库截流以来，喜峰口、喜峰城已全部被淹没于水库中。

②贞女化为石：似指孟姜女故事中的一种说法，孟姜女跳海后化成了石头。

入居庸关

元•周伯琦

出关复入关，五日见月弦。
草木虽未霜，寒风已凄然。
崖路何纡萦，叠嶂横中天。
上有太古石，下有无底泉。
幽致良可嘉，万雷闹喧关。
驯象宝辔鸣，紫驼绵幪鲜。
铁骑簇云队，黄屋循星躔。
时巡谥风俗，执法恭后先。
达官国同休，拔步如登天。
细民终岁劳，输转百苦煎。
苦乐殊云泥，使我中心悁。
偶经岩谷胜，复忆江湖仙。
升高望白云，楚天浩无边。
王师未休息，敢赋归来篇。

选自《西关志》

度居庸即事有感①

元·萨都剌（萨天锡）

居庸关，山色苍，关南暑多关北凉。
天门晓开虎豹卧，石鼓昼击云雷张。
关门铁锁半空倚，古来几度壮士死。
草根白骨弃不收，冷雨阴风泣山鬼。
道傍老人八十余，短衣白发扶犁锄。
路人立马问前事，犹能历历言丘墟。
夜来锄豆得戈铁，雨蚀风吹失颜色。
铁门惟带上花班，犹是将军战时血。
前年又复铁作门，貔貅万灶如云屯。
生存有功挂金印，死者谁复托孤魂。
居庸关，何峥嵘！
上天何不呼六丁②，驱之海外休甲兵。
男耕女织天下平，千古万古无战争。

选自《西关志》

①此诗对居庸关的气候特点、险要地势作了详细描述，并通过老翁之口，回顾以往在此地发生的战事，抒发希望永远消除战争、天下太平的情志。

②六丁：道教神名，即六甲中的丁神，传能把某地物产移至远处。

枪 竿 岭①

元·乃贤（纳新）

饮马长城下，水寒风萧萧。
游子在绝漠②，仰望浮云飘。
前登枪竿岭，冈岭郁岧峣③。
崩崖断车辙，层梯入云霄。
幽龛构绝壁④，微径纡山腰⑤。
人行在木末，日落闻鸣蜩。
履险力疲苶⑥，凭高思飘飖。
何当脱羁鞅⑦，归种南山苗⑧。

选自《金台集》

①枪杆岭：即长安岭，又叫桑乾岭，在怀来县西北，号称险隘。
②绝漠：极远的沙漠。
③岧峣：山高峻貌。
④龛：供奉佛像或神像的石室或柜子。
⑤纡：系，结。
⑥疲苶：疲倦无力。
⑦羁鞅：羁是马络头，鞅是套在马颈上的皮带。在这里是束缚牵系的意思。
⑧南山苗：南山上的庄稼。南山在这里指家乡附近的山。

明代长城烽火台原貌清晰可辨（马卫庆 摄）

关外吟古诗

元·无名氏

雁门关外野人家，不植桑榆不种麻。
百里并非梨枣树，三春哪得桃杏花。
六月雨过山头雪，狂风遍地起黄沙。
说与江南人不信，早穿皮袄午穿纱。

选自《朔平府志》

古　戍

明·刘基

古戍连山火，新城殷地笳。
九州犹虎豹，幽海未桑麻。
天迥云垂草，江空雪覆沙。
野梅烧不尽，时见两三花

选自《明诗选》

长城烽火台立体剖面图

塞垣秋兴

明•承广

江山如画几兴亡，天际秋云自夕阳。
栗里陶潜书甲子，长沙贾谊爱文章。
雁将南去惊寒意，菊为谁开作晚香。
不有醉狂书烂漫，老怀何处问时光。

选自《嘉靖宁夏新志》

居庸关

明•梵琦

天畔浮云云表峰①，北游奇险见居庸。
力排剑戟三千士，门掩山河百二重②。
渠答自今收战马③，兜铃无复置边烽④。
上都避暑频来往，鱼鸟犹能识衮龙⑤。

选自《钦定日下旧闻考》

①云表峰：云彩给山峰加上一层外衣。

②百二重：犹言二百重，亦泛指多数。《史记•高祖本纪》："秦，形胜之国，带河山之险，县（县）隔千里，持戟百万，秦得百二焉。"裴骃集解引苏林曰："秦地险固，二万人足当诸侯百万人也。"后用以形容地势险要。

③渠答：一种御敌的器具，即铁蒺藜。

④兜铃：即兜零，一种举烽火时用的笼子。

⑤衮龙：瑞龙，指皇帝，此句是讲元代皇帝常常从这里经过。

晚度雁门

明·杨基

关山迢递朔云高，风紧霜花积毳袍。
此地宣威称李牧，有谁再退北羌豪。

选自《眉庵集》

塞下曲

明·高启

日落五原塞，萧条亭堠空。
汉家讨狂虏，籍役满山东。
去年出飞狐，今年出云中。
得地不足耕，杀人以为功。
登高望衰草，感叹意何穷。

选自《历代边塞诗赏析》

居庸叠翠

明·杨荣

群山耸列势峥嵘，日照峰峦积翠明。
高出烟霞通绝塞，低回城阙拥神京。
休论函关双崖险，绝胜匡庐九叠横。
扈从常时经此处，坐看天际白云生。

选自《八达岭长城古诗咏》

题肃州景①

明•年伦

百雉层城万里遥，汉家曾此建旌旄。
不闻官吏鸣宵柝②，尚有番王款圣朝。
贡去天闲皆騕褭③，驮来银瓮有葡萄。
于今绝塞无烽警，定远何须戍险劳？

选自《肃州新志》

镇东楼看月

明•杨琚

高楼百尺枕城头，午夜裁诗月满楼。
四座彩辉明似昼，一帘香雾冷于秋。
解围犹说刘琨啸，乘兴还追庾亮游。
徒倚栏杆正怀古，金波遥映海东流。

选自《永平府志》

①肃州：长城要塞，明置肃州卫，今甘肃酒泉。此诗记述了明成祖永乐年间边境安定的景象，由于国力强盛，外族不敢入侵，争来叩关和好。

②宵柝：古代军中巡夜报更的木梆。

③騕褭：骏马名。

总 兵 营

明•朱栴

故垒荒余草渐平，路人犹识总兵营。
旌旗寂寞埋金甲，风雨还疑鼓角声。

选自《嘉靖宁夏新志》

题 长 城

明•朱䄇

一带蜿蜒绕北平，堑山堙谷类天成。
城边尚有秦人骨，涧下犹闻汉水声。
西尽云中横大漠，东连辽海卫神京。
而今塞上无烽火，饮马胡儿不敢行。

选自《永平府志》

贺 兰 山

明•王崇文

山名旧熟史编中，胜览分明五岳同。
遥岭蜿蜒通紫塞，秀峰斗绝倚苍穹。
地宜耕牧神明卫，渠沮羌戎道路穷。
半醉偶然成独笑，太平无用勒奇功。

选自《嘉靖宁夏新志》

初到宁夏

明·李守中

黄河一曲抱孤城，九月天寒水欲冰。
紫塞风沙时阵阵，黑山霜雪晓层层。
霓裳北散天魔女，霞毯西来宝藏僧。
却忆江南秋半老，橙黄桔绿气和平。

选自《嘉靖宁夏新志》

明代长城重要关隘“天下第一雄关”——居庸关

挽罗都御史

明·丘濬

六龙北狩无消息，边城四望狼烟赤。
胡马长驱去复来，何人却建安边策。
镇朔将军生入关，北门锁钥视等闲。
强兵健马尽南走，黄尘蔽日天漫漫。
白首宪臣江右客，手持一剑当门立。
誓与孤城共死生，怒发冲冠气千尺。
车轮生角马驻蹄，居人不动行人归。
叱咤之间楼橹具，金城铁壁汤为池。
云州失守赤城破，胡儿假道居庸过。
老妻稚子尽登陴，公亦援枹雪中坐。
山前山后无数城，此城屹立如巨屏。
虏骑南来资扼塞，王师北出恃屯营。
保障京师功卓伟，谩有长城长万里。
江淮果赖张真源，河朔仅余颜御史。
忧国劳边两鬓霜，事成乞骨归故乡。
肘金腰玉者塞路，无人上书讼陈汤。
一叶扁舟五湖水，涨海边头乱山里。
折简不通朝贵书，抱膝长吟聊尔尔。
罗浮山崩天坠星，乾坤一夜收英灵。
公兮生死已无愧，关中至今嗟未平。
关中能言不能纪，惭我一官居太史。
聊述人言作些词，书罢长歌泪如洗。

选自《西关志》

题居庸

明•赵鉴

居庸形势壮，策马此关行。
险有千寻壑，平无数尺原。
北蟠空虏穴，南拱叩天阙。
誓效山川职，长城答帝恩。

选自《西关志》

宁夏写怀二首

明•王弘

（一）

马首西来更向西，贺兰山色与云齐。
三边保障新添险，万里长城旧设堤。
汉地有人留锁钥，胡儿何处许攀跻。
欲知阃外将军令，细柳营中听鼓鼙。

（二）

满路浑无半点埃，雨余红软马蹄开。
王城万里封西夏，霄汉多年坐上台。
药裹且收身尚健，贤劳真愧我何才。
边城四月寒犹在，带得清风一道来。

选自《嘉靖宁夏新志》

喜逢口关

明·姜永

自古名关说喜逢，岩岩非豹亦非熊。
悬崖松影遥摩汉，绝顶泉声半入空。
北抵烟沙通塞北，东连山海接辽东。
可怜秦世防胡策，万里长城绝域中。

选自《长安客话》

入　塞

明·于谦

将军归来气如虎，十万貔貅争鼓舞。
凯歌驰入玉门关，邑屋参差认乡土。
弟兄亲戚远相迎，拥道拦街不得行。
喜极成悲还堕泪，共言此会是更生。
将军令严不得住，羽书催入京城去。
朝廷受赏却还家，父子夫妻保相聚。
人生从军可奈何，岁岁防边辛苦多。
不须更奏胡笳曲，请君听我入塞歌。

选自《历代边塞诗赏析》

古筑城词

明•刘绩

力限秦与胡，筑城为疆界。
那知楚汉兵，不在长城外。

选自《明诗选》

山海关

明•马文升

曾闻山海古渝关，今日经行眼界宽。
万顷洪涛观不尽，千寻绝壁画应难。
东封辽地三韩险，西固燕京百世安。
来岁新正还旆日，拟图形胜献金銮。

选自《山海关志》

九日登长城关楼①

明·王琼

危楼百尺跨长城，雉堞秋高气肃清。
绝塞平川开堑垒②，排空斥堠扬旗旌③。
已闻胡出河南境④，不用兵屯细柳营⑤。
极喜御戎全上策，倚栏长啸晚烟横。

选自《嘉靖宁夏新志》

①长城关楼:《嘉靖宁夏新志》载:“在花马池营东者，为喉襟总要，则题曰‘长城关’。高台层楼，雕革虎视，凭栏远眺，朔方形势，毕呈于下。”现已不可见。花马池城，即今宁夏盐池县县城。

②堑垒:即深沟高垒。嘉靖十年(公元1531年)王琼自兴武营以西至横城河边的一段,加固原有的城墙,并在城墙的外侧挖成壕堑。这种防御工事对阻挡秋冬两季敌骑的南下效果很好。

③斥堠：古代探查敌情的土堡。

④河南：古地区名，指黄河以南，包括今内蒙古河套一带。

⑤细柳营：在今陕西省咸阳西南的渭河北岸。公元前158年，汉将周亚夫防御匈奴贵族的侵犯，在细柳营驻军，以戒备森严、纪律严明著称。

居庸行

明•李贡

居庸铭从呆斋语，云是秦皇聚流处。
按图阅史知其雄，无由到关一攀据。
前年起废来整顿，盗起益肆不停驭。
曾经喜峰古北口，已觉伟然壮神虑。
劫来此地十日余，却笑从前难比与。
关口两山小而独，左若龙盘右虎伏。
太行西来几千里，巉巉叠翠排空矗。
神工鬼斧何年施，豁然中断仅容毂。
峰迴路转稍宽广，巨石磊磈枕山麓。
泉流汇自深谷里，沼回注泻声漱玉。
一城巍巍关中央，南北相望关口长。
密雉倚山斜恐坠，雌蜺跨涧伏不张。
人家依岩起楼阁，高者突起低若藏。
最是门临流水静，异境仿佛桃园乡。
十里遥见北关口，隘东更比南关陡。
重城击柝拥貔貅，妫儒一望风尘走。
羽书驿使日往来，解囊先验符章剖。
一夫当关万莫开，不数潼关容易守。
先朝经略来九峰，徘徊关前思无穷。
苞桑籍茅有明训，防胡何惜关重重。
八里铺前两峰峙，更筑一道如长虹。
晨昏启闭节制一，天外九关应数同。
於乎！
天限华夷设此险，益以人为更无慊。
可笑当年石敬瑭，为除心腹奉玁狁。
中国失防五百年，今日华风方覆奄。
皇祖功亘古无群，竹帛元勋不可掩。
背膂咫尺环帝都，来庭纳款固载途。
养士蓄锐守不渝，万年海宇真良图。

选自《西关志》

倒马关

明•林廷玉

名关形势自天雄，曲涧西来一迳东。
黑虎踞蹲平地上，白龙盘折两岩中。
城头鸣咽笳三叠，楼上笼铜鼓一通。
长剑倚天胡胆堕，旌旗飞映晓霞红。

选自《西关志》

胡人猎图歌

明•何景明

边沙萧萧天北风，高林昼屯鞍马雄。
胡人装束身手健，真与此图形貌同。
冬寒猎傍长城窟，城下平原日将没。
呼鹰放犬无不为，数骑弯弓竞驰突。
月高琵琶海西城，拂庐雪干氍毹轻。
金钟虏酒亦易醉，王踠胡骝骄不行。
白发老胡黄战裙，抽箭仰视天山云。
众中若认射雕手，汉家谁是李将军。

选自《历代塞外诗选》

登横城比眺杨邃庵所筑边墙

明•齐之鸾

新墉山立界华夷，元老忠谋世莫知。
流俗眩贞人异见，宏规罢役岁兴师。
万夫版筑忧公帑，千里生灵借寇资。
试问迩来胡出没，何缘不自横城窥。

选自《嘉靖宁夏新志》

长城沐雪

使回过独石①

明·刘溥

边城二月暗尘沙，吹遍东风不见花。
天远玉京旋日骑，水通银汉系星槎②。
云中路出高山险，上谷云连独石斜。
正是旅愁消未得，夕阳楼外又鸣笳。

选自《长城古诗二百首》

①独石：即独石口，明长城宣府镇上最大的一座关口，位于今河北赤城县北约45公里处。明宣德元年（公元1426年）筑，宣德五年（公元1430年）将开平卫移至独石口，其地理位置十分重要，人称“上谷之咽喉，京师之右背”。独石口关因关口处有一拔地而起的孤石而得名。明正统十四年（公元1449年）“土木堡之变”时，独石口关被蒙古瓦剌部攻破毁坏，现只存残土墙。

②水通银汉：山中的水通往远处可达银河。系星槎：联结着去银河的筏子。相传银河与海相通，由海上乘槎可浮至银河。后来，有人根据汉武帝派张骞乘船寻找黄河之源的事，说张骞乘星槎到过银河。

咏偏头关①

明·何乔新

雄关鼎宁雁②，形势独开张。
地控黄河北，山连紫塞长。
春深貔虎伏③，秋老鹳鹅翔。
门户障宣大④，藩篱限羯羌⑤。
层峦千里亘，绝险一夫当。
土屋余唐俭⑥，金城巩晋强。
华夷天设域，表里若为防。
可笑和戎利⑦，相因误汉唐⑧。

选自《偏关志》

①偏头关：即偏关。偏关东连丫角山，西通黄河，与宁武、雁门合称外三关。因其地东仰西伏如人偏头状，故名偏头关。偏关在今山西省偏关县。偏头关始名于元朝，明洪武二十二年（公元1390年）改筑关城，宣德四年（公元1429年），太原镇总兵驻守于此。偏关境内长城，作为京都屏障地位十分重要，明内外长城在偏关东北教儿埝乡柏杨岭村汇成一处，直逼黄河。

②宁雁：指宁武关、雁门关。

③貔虎：猛兽的泛称。

④宣大：宣府镇和大同镇。宣府镇，即今河北宣化地区，这里前望明朝京师，后控塞外沙漠，左守居庸之险，右护云中之固，为边防重地。大同镇，明代最早设置的戍边地之一，治所在今山西大同，它与太原镇边互为依恃。

⑤羯羌：古代羯族与羌族，这里指西北少数民族。

⑥余唐俭：保存着唐尧时代俭朴的风尚。

⑦和戎利：与西方少数民族讨好求和的好处。

⑧相因误汉唐：前后误害了汉朝和唐朝，作者在这里的意思是说要加强国防，不能一味迁就少数民族者的侵略行为。

明信片记录的明代长城偏头关

山海关——万里长城第一关

拜寺口①

明·朱秩炅

风前临眺豁吟眸，万马腾骧势转悠。
戈甲气销山色在，绮罗人去辇痕留。
文殊有殿存遗址②，拜寺无僧话旧游。
紫塞正怜同罨画③，可堪回首暮云稠。

选自《嘉靖宁夏新志》

紫塞平沙

明·岳正

天城保障路应埋，漠漠平沙拥不开。
东北千重连瀚海，西南万岭接高台。
霜飞毛目辕门合，雪霁狼心宰相才④。
塞上于今烽火息，胡儿未敢犯边来。

选自《甘肃新志》

①拜寺口：贺兰山段长城的一个关隘，位于今宁夏贺兰县金山乡境内，因沟内曾建有寺院而得名。
②存遗址：指西夏国内佛教盛行，佛祖院可能是贺兰山一带规模最大的寺庙。
③罨画：掩覆的画卷。
④雪霁狼心：使敌人的野心收敛。雪霁，风雪停，天放晴。

偏头关

明·崔镛

牛壁孤城水一湾，万家烟火护偏关。
黄河曲曲涛西下，紫塞隆隆障北环。
铁笛数声催戍急，玉沙千里叹储艰。
荒陬斗绝今如此[①]，未许将军即解颜[②]。

选自《偏关志》

山海关[③]

明·闵珪

幽蓟东来第一关，襟连沧海枕青山。
长城远岫分高下[④]，明月寒潮共往还。
贡入梯航通异域[⑤]，天开图画落尘寰[⑥]。
老臣巡历瞻形胜，追想高皇创业艰。

选自《永平府志》

①荒陬斗绝：荒凉的角落，险峭的地势。

②解颜：欢笑。

③山海关：明代万里长城蓟镇东端的重要关口，在今河北省秦皇岛市山海关区。山海关北依燕山山脉，南临渤海，由海至山 7.5 公里平阔狭长的通道是东北通往华北的咽喉，山海关雄踞其中，由长城将山和海连成一线。山海关建于明洪武十四年（公元 1381 年），关城周长 4 公里，有镇东、迎恩、望洋、威远四门，东门即“天下第一关”门现存最为完整，

④远岫：远处的峰峦。

⑤梯航：梯指登山，航指航海，这里指海陆交通。

⑥天开图画；美丽如画的风景自然天成。

筑城怨

明·李东阳

筑城苦，筑城苦，城上丁夫死城下。
长号一声天为怒，长城忽崩复为土。
长城崩，妇休哭，丁夫往日劳寸筑。

选自《怀麓堂集》

山海关南海口

明·洪钟

晓日江城景霁和，抚巡时复一经过。
五云西去恩光重，九译东来职贡多。
固国有关严虎豹，绥夷无事用干戈。
太平功业超千古，六合同欢海不波。

选自《永平府志》

兴武营诗①

明·杨一清

簇簇青山隐戍楼，暂时登眺使人愁。
西风画角孤城晚②，落日晴沙万里秋。
甲士解鞍休战马，农儿持券买耕牛。
翻思未筑边墙日，曾得清平似此不？

选自《嘉靖宁夏新志》

镇东楼二首③

明·萧显

（一）

戍镂空阔入窗凉，千载长城忆始皇。
南北海山称重镇，古今人物重班行。
休谈旧雨兼新雨，且畅诗肠与酒肠。
回首贵阳应自笑，八千里路为谁忙。

（二）

城上危楼控朔庭，百蛮朝贡往来经。
八窗虚敞堪延月，重槛高寒可摘星。
风鼓怒涛惊海怪，雷轰幽谷泣山灵。
几回浩啸掀髯坐，羌笛一声天外听。

选自《山海关志》

①兴武营：明朝正统九年（公元 1444 年）在俗名“半个城”的古城址上置的营垒，与花马池一样，是控制宁夏至榆林界近 200 公里平缓地段的要塞，位于今宁夏盐池县境内。

②画角：古代军中多用来警喻昏晓的一种管乐器，出自西羌，形如竹筒，以竹木或皮革制成，因外加彩绘，故名。

③镇东楼：山海关东门城楼，即今“天下第一关”城楼。

镇 东 楼

明·马扬

君不见，镇东楼，
左枕雄山右襟海。
壮丽依旧迥如故，
丹青炫耀常不改。
东控辽左西幽燕，
登临徒倚思悠然。
回首仰拂星与斗，
临风俯弄云和烟。
楼高返照留清影，
天涯此日悲飘梗。
海气萧萧琴书润，
山岚冉冉衣裳冷。
樽酒凭高满座春，
四时但愿楼常新。
雄关一面无烽火，
无险千年护紫宸。

选自《山海关志》

山海关八首

明·董廷圭

太行尽处高摩空，蜿蜒起伏如飞龙。
振衣千仞览八极，禹州九点罗心胸。

秦人筑城跨崖起，竟海为关万余里。
黄昏虎豹卫重门，白日蛟龙见尘市。

桑田几变城依然，尚与汉塞通人烟。
巉岩巨石剑戟列，槎牙老树藤萝悬。

险如云栈穿剑阁，一夫当关万夫却。
浩如天堑阻建康，谁能飞犯钟山阳。

黄埃散漫迷征道，对景令人面如槁。
戈旄影里鬼神愁，刁斗声中天地老。

古来雄杰几经游，势奔雷电气横秋。
万骑无功李唐悔，只轮不返辽金羞。

我皇抚运真尧舜，不重边功重边镇。
内怪外攘两无虞，白首无人识行阵。

关门锁钥长不扃，坐膺方国来王庭。
禁中颇牧此高枕，吟对蓬莱数点青。

选自《山海关志》

登大同城楼①

明•乔宇

东南山势绕皇都，西北楼高眺望孤。
荒碛平沙连塞远，片云寒雁入空无。
长城万里早秦筑，文德千年仰舜敷②。
今日北门谁锁钥③，受降城外尽舆图④。

选自《长城古诗二百首》

题 居 庸

明•许天锡

天设居庸险，乾坤此北门。
山川通上谷，形胜冠中原。
铁马屯三戍，金城追九关。
皇图资拱护，永荷太平恩。

选自《西关志》

①大同城楼：大同镇城城楼。明代设大同府，派有重兵驻守。
②仰舜敷：依仗着虞舜的敷教。敷教，布教，施教。
③锁钥：锁和钥匙，指军事防守的重镇。
④舆图：疆域地图。受降城：指唐代朔方道大总管张仁愿在今内蒙古境内黄河河套北所筑的东、西、中三个城。

白 马 关[①]

明・杨旦

怪石巉巉水乱流，柳匀新绿弄春柔。
满陂芳草眠黄犊，风景居然似建州[②]。

选自《长城古诗二百首》

朝饮马送陈子出塞

明・李梦阳

朝饮马，夕饮马，
水咸草枯马不食，行人痛哭长城下。
城中白骨借问谁，云是今年筑城者。
但道辞家别六亲，宁知九死无还身。
不惜身为城下土，所恨功成赏别人。
去年贼掠开成县[③]，黑山血迸单于箭[④]。
万里黄尘哭震天，城门昼闭无人战。
今年下令修筑边，丁夫半死长城前。
城南城北秋草白，愁云日暮鸣胡鞭。

选自《李梦阳诗选》

①白马关：即白马甸，明长城关口，在古北口西，黄花镇东。
②建州：州名，唐武德四年（公元621年）置，后改建安郡，明称建宁府，治所在建安，为今福建建瓯，是诗人的故乡。
③开成县：地名，元代立开成府，后降为州，明初废州改为县，在今宁夏固原县南。
④黑山：在陕西榆林县西，有黑水其下，水甘草茂，明成化中巡抚余子俊在此筑塞堡并植柳万株。

石将军战场歌

明·李梦阳

清风店南逢父老，告我己巳年间事。
店北犹存古战场，遗镞尚带勤王字。
忆昔蒙尘实惨怛，反覆势如风雨至。
紫荆关头昼吹角，杀气军声满幽朔。
胡儿饮马彰义门，烽火夜照燕山云。
内有于尚书，外有石将军。
石家官军若雷电，天清野旷来酣战。
朝廷既失紫荆关，吾民岂保清风店？
牵爷负子无处逃，哭声震天风怒号。
儿女床头伏鼓角，野人屋上看旌旄。
将军此时挺戈出，杀敌不异草与蒿。
追北归来血洗刀，白日不动苍天高。
万里烟尘一剑扫，父子英雄古来少。
天生李晟为社稷，周之方叔今元老。
单于痛哭倒马关，羯奴半死飞狐道。
处处欢声噪鼓旗，家家牛酒犒王师。
休夸汉室嫖姚将，岂说唐朝郭子仪。
沉吟此事六十春，此地经过泪满巾。
黄云落日枯骨白，沙砾惨淡愁行人。
行人来折战场柳，下马坐望居庸口。
却忆千官迎驾初，千乘万骑下皇都。
乾坤得见中兴主，日月重开再造图。
枭雄不数云台士，杨石齐名天下无。
呜呼杨石今已无，安得再生此辈西备胡。

选自《李梦阳诗选》

河东墙

明·傅钊

危垣迢递枕雄边，势压金城铁壁坚。
中国有凭堪保障，外夷无计可逾穿。
英公才大难同驾，道济谋深未许肩。
不是眉山豪杰出，谁能经始向当年？

选自《嘉靖宁夏新志》

今北京密云境内明长城

塞上喜秋稔

明·翟鹏

雷嶂称天险[1]，霓旌满路光。
驿通三晋远，城锁五原长。
鸡田飞雪冷[2]，燕麦引风香。
边事封初定，家家泛羽觞[3]。

选自《长城古诗二百首》

长　城

明·黄景夔

城横西塞起东隅，二世犹为万世图。
恬罪劳人称绝地，秦亡信谶却防胡。
悲风暮送清笳起，磷火寒烧白草枯。
自古安边谁上策，舞阶干羽莫言迂。

选自《山海关志》

①雷嶂：如雷劈开般的山峰。
②鸡田：古代西北塞外地名，喻偏僻之地。
③羽觞：古代饮酒用的耳杯。

登花马池城楼

明•刘天和

谁筑防胡万堞城，坐来谈笑虏尘清。
三秋号令风传檄，千里声容鸟避旌。
剑戟霜寒明远道，鼓鼙雷动满行营。
登楼渺渺龙沙地，极目烟销紫塞横。

选自《嘉靖宁夏新志》

西　夏　曲

明•陆冕

秦关百二古称雄，宁夏山河襟带同。
天险皇图元自固，从前失策自和戎。
校猎河西日未曛，摐金伐鼓动风云。
还军饮马长城窟，野马黄羊各百群。

选自《嘉靖宁夏新志》

宁武关

明·李濂

边庭无日不风沙，白草黄云万里赊[①]。
夜夜城草听觱篥[②]，吹残陇水又梅花[③]。

选自《列朝诗集》

塞垣鹧鸪词

明·杨慎

秦时明月玉弓悬，汉塞黄河锦带连。
都护羽书飞瀚海，单于猎火照甘泉。
莺闺燕阁年三五，马邑龙堆路十千[④]。
谁起东山安石卧[⑤]，为君谈笑靖烽烟。

选自《历代塞外诗选》

①赊：远。
②觱篥：又名笳管，簧管乐器，以竹为管，上开八孔，管口插有芦制的哨子，起源于汉代西域龟兹城国。
③陇水、梅花：陇头流水歌、梅花落，皆为乐府横吹曲名，内容反映征戍之苦和思乡之意。
④马邑：古县名，秦置，在今山西朔县。龙堆：即白龙堆，在新疆天山南麓。
⑤东山安石：指东晋谢安。谢安（320—385 年），字安石，陈郡阳夏人，南迁士族之一，入朝前隐居会稽东山，后人即以“东山”喻隐居之地。谢安四十刚出仕后，官至司徒。太元八年（公元 383 年）前秦苻坚大举南下，朝廷震恐，谢安出奇制胜，取得淝水大捷。

紫荆院中

明·萧祥曜

紫荆关上万山攒，枯木寒泉护将台。
自有胡夷频出没，不知征战几彫残。
角声永夜空悲壮，戍色深冬尚血汗。
秋暮登临翻感慨，古今疑是梦中看。

选自《西关志》

入打硙口[①]

明·杨守礼

打硙古塞黄尘合，匹马登临亦壮哉。
云逗旌旗春草淡，风清鼓吹野烟开。
山川设险何年废？文武提兵今日来。
收拾边疆归一统，惭无韩范济时才[②]。

选自《嘉靖宁夏新志》

①打硙口：即今大武沟口，在今石嘴山市北，是贺兰山北段长城的重要关隘。

②韩范：指北宋的韩琦和范仲淹，当时二人共同防御西夏，有民谣曰："军中有一韩，西贼闻之心胆寒；军中有一范，西贼闻之惊破胆。"

阅视紫荆关城垣宴坐麾虏台

明 • 李仁

楼阁中天麾虏台，登临四望好山开。
苍溪抱石鲸波黑，粉蝶通天鸟道回。
晴日鸡豚望紫塞，高秋戎马见黄埃。
未须阃外频求士，自有尊前颇牧才。

选自《西关志》

寄王侍御塞上

明 • 谢榛

君王重简命，尔志在澄清。
节钺分西顾，风寒护北征。
羽旗风外合，骢马雪中行。
直渡桑乾水，还临骠骑营。
九关多猛士，百战有长城。
夜半仍传檄，天寒未解兵。
黑山横宝剑，青海动金钲。
独仗安边策，兼收抗疏名。
虚心当国事，高议见儒生。
壮岁思铭鼎，空言陋请缨。
乘秋凌朔气，计日答皇情。
应遣龙庭使，驰书到玉京。

选自《四溟集》

予告归入倒马关作①

明·苏祐

南风吹雨傍关来，关上千峰画角哀。
老去尚怜金甲在，生还重见玉门开。
鷤弦漫引思归调，虎节空惭上将才。
圣主恩深何以报，车前部曲重徘徊②。

选自《明诗别裁体》

登喜峰古戍

明·唐顺之

绝顶孤峰见废关，短衣落月试跻攀。
三秋豹旅方乘障，万里龙媒正满山。
候雁似随乡思去，寒花将送使臣还。
筹边迂薄真无补，空望伊吾抵掌间。

选自《永平府志》

①倒马关：明长城内三关（居庸、倒马、紫荆）之一。
②部曲：本为军队编制之称，这里指军队。

紫荆关[1]

明·黎民表

径转蛇盘险，云连鸟去长。
山桃微著紫，沙柳不成黄。
重镇临天府，神功划大荒[2]。
金城谁献议，老作尚书郎。

选自《明诗别裁体》

榆关

明·陈绾

汉塞秦关控海隅，长城千里为防胡。
月明满地无传箭，静听军中夜博卢。
榆关东去是营州，门外车轮似水流。
夜半边城吹觱栗，何人不起望乡愁。

选自《永平府志》

①紫荆关：明长城内三关之一，位于今河北易县西北，因关城居于紫荆岭上而得名。紫荆关是我国古代战争史上著名的军事要塞，北通大同、宣化，西进太原，出关口向东就是华北大平原。

②大荒：最荒远的地方。

瞷鸭绿江

明·王之浩

九连城畔草芊绵，鸭绿津头生暮烟。
对岸鸟鸣分异域，隔江人语戴同天。
皇仁本自无私覆，海国从来奉朔虔。
分付边人慎封守，莫教樵牧扰东田。

选自《全辽志》

次倒马关二首

明·王士翘

（一）

插箭岭前倒马城，万山长抱一泓清。
巌边浪说千年臼，野外新开十里营。
阴雨未来先结户，门庭无事且谈兵。
凭谁力挽天河下，为洗戈矛虏自平。

（二）

柏府公余成地僻，松阴砌满入怀幽。
座中古戍依云汉，雨后荒村见马牛。
范老何心偏后乐，杜灵此境不须愁。
关前却有山河壮，慷慨登临是胜遊。

选自《西关志》

桂枝香·关行

明·王士翘

关行三月，正跋履山溪，冲冒炎热。
想倒马龙泉，崇岗绝壁，直比居庸，连紫荆，欲据守，好凭兵力。
井陉旧道固关，新城车骑难列。

论险阻，备尝毕閟。
每登高眺远，清兴遄发。
竣事归来，揽辔徐行，花色几番时雨回枯槁，焰火旗尽消灭。
遥望青山，如天上芙蓉，云中剑戟。

选自《西关志》

修 边 谣①

明·尹耕

去年修边君莫喜，血作边墙墙下水。
今年修边君莫忧，石作边墙墙上头。
边墙上头多冻雀，侵晓霜明星渐落②。
人生谁不念妻孥③，畏此营门双画角。

选自《尹耕诗选》

①修边：修筑边墙，即修筑长城。明武宗正德八年（公元1513年）曾修西起宁武、东至浑源间140里长城，第二年又修从偏头关白石庙到石梯墩之间70里长城，此诗似为这二次修长城而作。

②侵晓：拂晓，凌晨。

③妻孥：妻子和儿女。

犒军入口

明•孟霦

出塞横霜戟，驱兵仗虎臣。
兰山含积雪，五月未知春。
铁马冲风疾，云旗耀日新。
登高眺朔漠，万里绝胡尘。

选自《嘉靖宁夏新志》

墙堑修工告成二首

明•孟霦

（一）

筑城役罢雪连山，河水流澌不可还。
万灶炊烟迷汉垒，千群铁骑簇胡关。

（二）

草深沙阔晓霜残，西望胡云是贺兰。
龙笛只吹征戍曲，狐裘不御塞垣寒。

选自《嘉靖宁夏新志》

阳　关[1]

明·陈棐

昔在瓜沙地[2]，今入花门场[3]。
汉时开四郡[4]，此日少敦煌[5]。
予至皋兰境[6]，契旧饯我觞[7]。
我行阳关内，未远故人傍。
故人莫劝酒，愿赠琼瑶章[8]。
酒醉有时醒，名言佩不望[9]。
芝兰常在怀，如坐君子堂。
室远人则迩，斯以慰殊乡[10]。

选自《甘肃新志》

①阳关：古关名，位于今敦煌县，因在玉门关以南而得名，汉时为阳关都尉的治所，军事上是一个极其重要的据点，也是“丝绸之路”南道必经的关隘。阳关故城今已无存，只有烽燧墩尚在。

②瓜沙地：瓜州、沙州一带，都在今甘肃境内，阳关曾行后隶属于瓜、沙二州。

③花门：原指花门山，在居延海北300里，因此地在唐天宝年间为回鹘占领，后人便以花门为回鹘的代称，这里指明世宗一度放弃哈密、关闭嘉峪关，敦煌一带遂为吐鲁番占据一事。

④四郡：西汉王朝于公元前121年在河西设置武威、酒泉两个郡，到公元前111年，又从武威、酒泉二郡中分别置张掖、敦煌两个郡，史称河西四郡。

⑤敦煌：郡名，汉置，治所在今甘肃敦煌县，辖境相当于今甘肃疏勒河以西及以南地区，隋开皇初年废，大业初年又曾改瓜州，唐朝天宝、至德时又曾改沙州为敦煌郡。

⑥皋兰：地名，因皋兰山（今甘肃兰州五泉山）而得名。

⑦契旧饯我觞：意气相投的老朋友向我敬酒送行。

⑧琼瑶章：美玉般的诗文。

⑨望：怨。

⑩殊乡：他乡。

嘉峪晴烟

明·戴弁

烟笼嘉峪碧岧峣，影拂昆仑万里遥。
暖气常浮春不老，寒光欲散雪初消。
雨收远岫和云湿，风度疏林带雾飘。
最是晚来闲望处，夕阳山外锁山腰。

选自《肃州新志》

塞上曲

明·李攀龙

燕山寒影落高秋，
北折榆关大海流。
马上白云随汉使，
不知何处不堪愁。

选自《永平府志》

宣府教场

明·徐渭

宣府教场天下闻，个个峰峦尖入云。
不用弓刀排虎士，天生剑戟拥将军。

选自《列朝诗选》

蓟　门

明·汪道昆

汉使褰帷按塞过，渔阳老将近如何。
千山斥堠材官急，万里亭鄣猛士多。
大漠风鸣苍兕甲，层冰夜渡白儿狼河。
江东子弟先锋在，乘月仍闻子夜歌。

选自《太函集》

娘子关偶成①

明·王世贞

夫人城北走降氐②，娘子军前高义旗。
今日关头成独笑，可无巾帼赠男儿？

选自《长城古诗二百首》

①娘子关：位于今山西平定县东北，是万里长城在太行山上最重要的关隘，因唐朝初高祖李渊的三女儿平阳公主曾率娘子军驻此设防、创建关城而得名。

②夫人城：指襄阳，即今湖北襄樊市。东晋时朱序守襄阳，氐族前秦军攻之，朱序母韩氏筑斜城抵抗，前秦军久攻不下，遂撤兵，襄阳城因此被后人称为夫人城。这里作者登娘子关联想到了夫人城。

塞上谣

明·杨巍

年年筑边城，敌骑绕出没。
夜深沙月寒，空照杞梁骨。

选自《存家诗稿》

边行

明·杨澄

北出长城小径斜，
重墉数仞渺平沙。
萧萧麦陇编氓业，
寂寂柴扉戍卒家。
石涧幽泉晨饮鹿，
营门残柳夜啼鸦。
夕阳暂向邮亭宿，
笳鼓声沉士不哗。

选自《偏关志》

河北涞源境内敌楼密集的明代长城

晚过居庸

明·李贽

重门天险设居庸，百二山河势转雄。
关吏不闻占紫气，行人或共说非熊①。
湾环出水马蹄涩，回复穿云月露融。
燕市即今休感慨，汉家封事已从容②。

选自《长安客话》

镇东楼

明·戚继光

楼前风物隔辽西，日暮凭栏望欲迷。
禹贡万年归紫极③，秦城千里静雕题④。
蓬瀛只在沧波外⑤，宫殿遥瞻北斗齐。
为问青牛能复度⑥，愿从仙吏换刀圭⑦。

选自《山海关志》

①非熊：指姜太公吕尚。《宋书·符瑞志》："（文王）将畋，史遍卜之，曰：'将大获，非熊非罴，天遣汝师以佐昌。'果得吕尚于渭水之阳。"喻隐士出山。

②封事：古时臣下上书奏事，防有泄漏，用袋封缄，称为封事。《文心雕龙·奏启》："自汉置八仪，密奏阴阳，皂囊封板，故曰封事。"这里指明廷已做好了反击侵扰的准备。

③归紫极：大一统之意。

④雕题：本指古代南方少数民族用丹青雕刻其额头，这里代指北方蒙古部落。

⑤蓬瀛：指传说中的蓬莱、瀛州二座神山。

⑥青牛：指老子出函谷关时骑的青牛。

⑦刀圭：古代量取药末的用具，形状像刀头的圭角，后亦称医术为刀圭，这里代指道家炼丹的器具。

三屯新城工成志喜诗

明·戚继光

受降新筑壮三屯，灯火遥连十万村。
障燧层峦春作塞，风云大陆蓟为门。
东回地轴山河固，西用天关宫阙尊。
百二城边过质子，千秋同载汉家恩。

选自《永平府志》

出　塞

明·屠隆

强兵一夜渡飞狐，大雪连营照鹿卢。
明月五原容射猎，长城万里不防胡。
单于塞外输龙马，天子宫中出虎符。
独有流黄机上泪，西风吹不到征夫。

选自《明诗选》

紫荆关阅武

明·冯惟敏

万年天险辟鸿濛，不数崤函百二雄。
勒使观兵中执法，守臣分辅右扶风。
从来肘腋三关重，此去华夷一路通。
今日正烦廊庙策，安危何独在无戎。

选自《西关志》

嘉峪关关城复原鸟瞰

胡笳十八拍(选一)

明·方逢时

登高台兮望大荒，长城如虹兮界殊方。
番儿欢呼兮驱马与羊，交关入市兮济济跄跄。
白日皎皎兮浮云黄，风前轧轧兮四拍张。
云中上古兮古战场，幽魂怨血兮天茫茫。

选自《大隐楼集》

隋唐荆川职方、王岸泉监察过关诗

明·黄洪宪

长城古堞俯沧瀛，百二河山拥上京。
银海仙槎来汉使，玉关秋草戍秦兵。
星临尾部双龙合，月照平沙万马鸣。
闻道辽阳飞羽急，书生急欲请长缨。

选自《永平府志》

朔塞歌

明•汤显祖

（一）

盘山秋影挂卢龙①，别道烽烟入喜峰。

但得辕门能拜将②，边墙何用两三重。

（二）

白道徐流过五重③，青春绣甲隐蒙茸④。

归骢莫缓游乡口，噪鹊长看小喜峰。

选自《长安客话》

重登山海关城楼

明•孙承宗

甲胄诗篇少，乾坤戎马多。

幻仍看海市，壮拟挽天河。

塞上人先老，山头月奈何。

群雄骄语曰，一剑几经过。

选自《永平府志》

①卢龙：古塞名，即今潘家口，是从华北平原通往东北的一个交通要塞。东汉末曹操征乌桓，东晋时前燕慕容儁进兵中原，都经由此道。盘山：山名，在天津蓟县西北。

②辕门：古代帝王巡狩、田猎、止宿在险阻的地方，用车子作为屏藩，出入之处仰起两辆车子，使两车的辕相向交接，成一半圆形的门，叫“辕门”。后也指领兵将帅的营门及督抚等官署的外门。

③白道徐流：指长城关隘白道子关和徐流口关。中间隔石门子关、冷口关、河流口关等，故曰“过五重”。

④蒙茸：蓬松，柔密貌。

饮马长城窟行

明·袁宏道

长城水呜咽，夜夜作秦语。
问子何代人，防胡旧军旅。
冤魄滞孤魂，不得归乡土。
白水洗白骨，瘢尽水酸楚。
洗多成黑流，水性毒于蛊。
立马古战场，长嘶待天雨。

选自《袁宏道集笺校》

秦皇岛

明·朱之蕃

并吞六国有余雄，
鞭石为桥事不终。
孤岛漫传秦帝迹，
长城自是万年功。

选自《长安客话》

倒马关

明·何天笛

汉代飞狐道，今朝倒马关。
危峰临骨甸，秀色接燕山。
倦翮飞难渡，羸骖去复还。
秋高笳吹急，月冷柝声闲。
路控八盘阨，溪流九折湾。
鸡鸣红树里，人住白云间。
牙帐冲烟湿，金戈过雨斑。
戍兵劳校阅，樵径厌跻攀。
烽火通荒徼，尘埃变壮颜。
何当归报命，玉陛篴鵷班。

选自《万里长城诗选》

黄崖关①

明·杨忠裕

渔阳百里置烽烟②，直北雄关限虏尘。
秦塞自来称络绎，胡山一派也嶙峋。
望辜极目横云障，听讶随风落叶新③。
此地几年无战角，莫惊飞堠起眉颦④。

选自《长安客话》

①黄崖关：明万里长城上的一个关口，又称黄崖口关，位于今天津蓟县，因悬崖峭壁、石多黄色而得名。明永乐年间修筑。
②渔阳：古县名，治所在今天津蓟县。
③听讶：听从君命迎接宾客。
④眉颦：皱眉头。飞堠：高高的探望敌情的岗楼。

长　城

明·陈颢

漠漠黄沙万里城，昔人曾此驻秦兵。
旌旗影动胡尘没，笳鼓声寒塞月明。
马邑荒烟迷故堞，雁门残火照颓营。
谁知再世归隆准，长使英雄泪满缨。

选自《长城名咏集》

天津境内的黄崖口关

嘉峪关漫记①

明 • 徐养量

揽辔酒泉西，纵横千骑列。朝旭丽飞旌，凯风壮长戟。
行行招玉门，迢迢扼沙碛。红泉襟其南②，黑水障其北。
五月沟草黄，一片石烟白③。屹然革夷防，洵自鸿蒙辟④。
右臂断匈奴，越裳献重译。霜骏宴昆丘，天马来西极。
遐略侈前闻，雄图载往册。神祖耀皇威，列圣扬武烈。
迩年争荡除，万里烽尘绝。东疆拓大松，西堠斥邛僰⑤。
端拱望垂衣，师武而臣力。远人慕化来，款关无虚夕。
简阅对王庥⑥，舞干有苗格。王者守四夷，天险亦空设。
班生掷柔翰⑦，所志在竹帛。执讯俘尉黎⑧，臣服尽姑墨。
从兹入版图，五十余属国。穷黩罢轮台⑨，无宁夸汉德。
惠中绥万方，文教广四讫。咨诹嗟靡遑⑩，聊为勒良石。

选自《嘉峪关市文物志》

①嘉峪关：明代万里长城的西部起点关口，位于今甘肃嘉峪关市西北。

②红泉：嘉峪关南有红泉墩。

③石烟：嘉峪关西有石烟墩。

④鸿蒙辟：打开混沌状态。鸿蒙，旧指宇宙形成以前的混沌状态。

⑤邛僰：古代西南两种少数民族名，

⑥简阅对王庥：在天子的荫庇下检查挑选。

⑦班生掷柔翰：指班超投笔从戎一事。班超（32—102），字仲升，扶风安陵（今陕西咸阳东北）人，班固之弟，曾出使西域，攻杀匈奴派驻鄯善、于阗的使者，废去龟兹派遣的疏勒王，并任西域都护，封定远侯。他在西域活动31年，同50多国建立了关系，对于保卫汉朝的边疆、开展汉朝同西域各兄弟民族的文化交流做出了重大的贡献。柔翰：柔软的毛笔。

⑧尉黎：尉头国的臣民。尉头、姑墨都是古西域国名。

⑨轮台：古地名，在今新疆轮台东南，汉武帝时曾屯田于此。

⑩咨诹嗟靡遑：询问探讨没有时间啊。遑，闲暇。

桃林（口）

明•刘景耀

野水年年去不还，荒林面面出高山。
小舟晚泊鸳鸯渚，画角秋生虎豹关。
出塞将军谁侠骨，中原赤子正愁颜。
悲笳遥对啼猿急，暮日争如归鸟闲。

选自《永平府志》

饮马长城窟行

明•陈子龙

北风时漠漠，长城草枯落。
长城信峣峣[①]，何如故乡遥。
相去虽万里，谅同夕与朝。
朝夕幸匪异，屉侧魂梦至。
老马知泉根，军中盛骐骥。
但扬出塞鞭，莫假归家骑。
胡马随草肥，鸿雁随人飞。
寄书鲜竹帛，勉裂来时衣。
作衣良不易，万结复亿织。
读书见故衣，益尔千行泪。

选自《长城古诗二百首》

①信峣峣：确实很高。峣峣山高耸貌。

黄花镇二首

明・章士雅

万里黄云百二关，九陵烟树接群山。
王庭远徙边烽净，征马萧萧白日间。

天险曾开百二关，黄花古镇暮云间。
平沙不尽胡儿种，绝徼时闻汉使还。
万里烟尘驱大漠，一宵风雪守天山。
将军莫信封侯易，百战归来鬓已斑。

选自《长安客话》

倔强挺立的明长城

山海关

清·顾炎武

芒芒碣石东[①]，此关自天作。
粤惟中山王[②]，经营始开拓。
东支限重门，幽州截垠堮。
前海弥浩溔[③]，后岭横岝崿。
紫塞为周垣，苍山为锁钥。
缅思开创初，设险制东索。
中叶狃康娱[④]，小有干王略[⑤]。
抚顺矢初穿[⑥]，广宁旗已落[⑦]。
抱头化贞逃，束手廷弼却[⑧]。
骎骎河以西，千里屯毡幕[⑨]。
关外修八城[⑩]，指麾烦内阁。
杨公筑二翼[⑪]，东西立罗郭[⑫]。
时称节镇雄，颇折氛祲恶。
神京既颠陨，国势靡所托。
启关元帅降[⑬]，歃血名王诺[⑭]。
自此来域中，土崩无斗格。
海燕春乳楼，塞鹰晓飞泊。
七庙竟为灰，六州难铸错。

选自《永平府志》

①碣石：指河北昌黎县北的碣石山。
②中山王：明开国功臣大将军徐达死后追封为中山王。
③溔：(水)浩荡。
④狃：习惯，沉溺于。
⑤干王略：求取治国安邦的策略。王，指国事。
⑥抚顺矢初穿：指明万历四十六年(公元1618年)四月后金太祖努尔哈赤起兵反明攻占抚顺事。
⑦广宁旗已落：指明天启二年(公元1622年)正月，明与后金在广宁(今辽宁北镇)决战，明军惨败。
⑧抱头、束手二句指明军在广宁败后，巡抚王化贞败阵狂逃，经略熊廷弼退守山海关事。
⑨千里屯毡幕：指广宁战后明放弃锦州等四十余城，后金进占了这些地方。
⑩关外修八城：指孙承宗督师蓟辽时筑广远、大凌河、右屯等八城。
⑪杨公筑二翼：巡抚杨嗣昌筑山海关南翼城、北翼城。
⑫东西立罗郭：山海关东罗城为万历年间管关主事王邦俊等建，西罗城为崇祯十六年(公元1643年)巡抚朱国栋建，未竣工，明亡。
⑬元帅：指明辽东总兵吴三桂。明崇祯十七年(公元1644年)，李自成农民起义军攻克北京、灭亡明朝后又攻打拒降的吴三桂，吴三桂与"绅缙吕鸣章等五人，出见摄政王于威远台剃发投降"，乞求清兵出师，清摄政王多尔衮以"汝等欲为故主复仇，大义可嘉，予领兵来，成全其美"为名出兵入关，于山海关城西石河打败了李自成，此后长驱直入，占领北京，统一中国。
⑭名王：指清摄政王多尔衮。

三　屯　营①

清·顾炎武

三屯山势郁峥嵘，少保当年此建旌。
名似北平临宿将，制如河上筑降城。
忠祠日落来山鬼，武库苔封蚀禁兵。
一望幽燕人物尽，颓垣荒草不胜情。

选自《长城古诗二百首》

雄襟万里——明长城入海处老龙头上的澄海楼

①三屯营：明九边之一蓟镇的总兵驻地，在今河北迁西县西北，明隆庆年间戚继光曾重修三屯营。诗中“少保”即指戚继光。

登澄海楼观海[1]

清•尤侗

茫乎望洋向若叹，大哉归墟渺无岸。
近视争看白马奔[2]，远观不辨青霓断。
似雷非雷声殷殷，鱼鳖颠倒腾千军。
骇浪乍浮出地日，惊潮翻射垂天云。
方丈蓬瀛疑咫尺，汉武秦皇心欲死。
鲛室蜃楼有若无[3]，瑶台琼阙非耶是。
飘飘我亦凌云游，海风吹摇城上楼。
援琴为奏水仙操，鼓棹不见渔翁舟。
东望独存姜女墓[4]，精卫填成血泪注。
纵使银涛万丈高，不到坟头草青处。
西行更上海神祠[5]，罗袜凌波来几时。
雾髻烟鬟光窈窕，夜深鼍鼓舞冯夷[6]。
土人指点先朝事，十年以前风景异。
关上皆屯细柳营，墙边乱蹴桃花骑。
水犀之师蔽艅艎[7]，木牛之粮衔舳舻[8]。
铁甲将军吹觱栗，胭脂小妇醉酡酥[9]。
只今眼中一事无，寒沙萧萧雁飞疾。
仰头屹峙长城孤，惟有沧海依依在。
沧海尚变桑田枯，而我感叹何为乎。

选自《临榆县志》

①澄海楼：明长城入海处老龙头城台上的台楼，原名观海亭，万历三十九年（公元1611年）在原亭基础上修建了澄海楼，又名知圣楼，后毁于八国联军之手，1987年重修。

②白马：形容海浪。

③鲛室蜃楼：即海市蜃楼，鲛室，传说中人鱼的屋子。

④姜女墓：传说中的孟姜女坟，在老龙头东约3千米的海中，为海中礁石，传说潮长坟长，水不灭顶。

⑤海神祠：在澄海楼西1千米的海边上。

⑥冯夷：河伯，水神名。

⑦艅艎：大舰名。水犀之师，精锐的水师。

⑧舳舻：言船只多，前后相接。木牛：相传三国时蜀相诸葛亮所创制的一种运输工具。这里是说海陆运粮的繁忙景象。

⑨酡酥：酒后脸红身软。

贺新郎·塞上

清·尤侗

天末卢龙道，看敷分、山崖耸峙，河流低绕。
极望长安烟一抹，但见黄榆白草，又添得、孤鸿飘渺。
寒月如霜沙似雪，想当年、有客伤心早，重画出，边愁稿。

短衣自倚危楼啸，吊西风，一杯残酒，泪痕多少。
漫说明妃出塞苦，不见玉关人老，更减尽、英雄怀抱。
剩有琵琶浑不似，倩庐儿、弹出凉州调，公莫舞，乌啼了。

选自《临榆县志》

百字令·度居庸关

清·朱彝尊

崇墉积翠，望关门一线，似悬檐溜。
瘦马登登愁径滑，何况新霜时候。
画鼓无声，朱旗卷尽，惟剩萧萧柳。
薄寒渐其，征袍明日添又。

谁放十万黄巾，
丸泥不闭，直入车厢口。
十二园陵风雨暗，响遍哀鸿离兽。
旧事惊心，长途望眼，
寂寞闲亭堠。
当年锁钥，董龙真是鸡狗。

选自《曝书亭词》

宣府镇

清•朱彝尊

高城西北控燕都，吹角清秋落日孤。
尚忆武皇巡玉塞，亲从镇国剖金符。
宫槐御柳今萧瑟，虎槛鹰坊旧有无。
边事百年虚想像，谁跨天险塞飞狐。

选自《曝书亭集》

长亭怨
（与李天生冬夜宿雁门关作）

清•屈大均

记烧烛，雁门高处，积雪封城，冻云迷路。
添尽香煤，紫貂相拥夜深语。
苦寒如许！难和尔，凄凉句。
一片望乡愁，饮不醉，垆头驼乳。

无处，问长城旧主，但见武灵遗墓。
沙飞似箭，乱穿向，草中狐兔。
那能使、口北关南、更重作，并州门户？
且莫吊沙场，收拾秦弓归去。

选自《万里长城诗选》

秋到长城（马卫庆 摄）

出 关

清•吴兆骞

边楼回望削嶙峋，筚篥喧喧驿骑尘。
敢望余生还故国，独怜多难累衰亲。
云阴不散黄龙雪，柳色初开紫塞春。
姜女石前频驻马，傍关犹是汉家人。

选自《清诗别裁集》

度岭见长城

清•丁澎

岭坂风回树郁盘，长城如带雾中看。
随阳雁断天疑尽，背日峰高夏苦寒。
沧海不沉秦女石，浮云欲动楚臣冠①。
伊州一曲先挥泪②，况是亲经行路难。

选自《永平府志》

①秦女石：指姜女坟。楚臣冠：楚国臣子戴的帽子，指屈原被放逐。
②伊州：曲调名。

旧边诗[1]九首

清•方还

辽　　东

铁岭迢迢接锦川，关城三面绕烽烟。
春深秣马蒲河北，秋老连营木叶前。
沧海旧闻通运舶，金州谁解议屯田？
诸军自失横江险，白草黄沙暗朔天。

蓟　　州

北平雄镇翼幽燕，千里潮河朔漠连。
司马高台闻夜吹，卢龙古塞入秋烟。
开疆竞说分三卫，筹国何因弃外边？
叹息宁封南徙后，遂令烽火达甘泉[2]。

宣　　府

万全八驿接神京，上谷千年汉将营。
地险旌旗藏杀气，山盘鼓角壮军声。
边歌竟日来红石，铁骑中宵度赤城。
谁识兴宁残废后，漠南无计援开平。

大　　同

马头北去是云中，极目川原处处通。
绕镇卫城分十五，沿边都阃辖西东[3]。
颓垣正接葫芦月，旷野长吹雕鹗风[4]。
闻道频年还调戍，诸臣何策建奇功？

①旧边：指明代九边，即把长城沿线分作九段，分区管辖，每边为一镇，称为九边九重镇。
②甘泉：汉甘泉宫，故址在今陕西淳化西北甘泉山，这里喻明都城。
③都阃：行都司治所郭城的门槛，这里指统兵在外负军事专责的人。
④葫芦：湖名。雕鹗：堡名，在今河北赤城县境内。

山　西

三关平列势逶迤，日落连城鼓角多。
帐外深烟迷众堡，营前孤月坠长河。
赤山寒谷惊烽燧，青冢秋原入骆驼。
谁使总戎移逸地，偏头空旷牧人过。

榆　林

榆林四望黄沙际，千里连墩绝塞天。
夹道陈兵横套口，长城环堑绕延川。
徙边御史筹无缺，折色司农计苟全。
此地从来多勇敢，莫教枵腹事鸣弦①。

宁　夏

镇城西倚贺兰开，满目沙飞荜棄哀。
冰合黄河朝走马，云迷红寺夜登台。
膏腴昔日称蕃庶，蹂践连年尽草莱。
欲识金城旧方略，浚渠即是靖边才。

固　原

秋入平原动鼓鼙，弓鸣风劲塞云低。
汉家营垒沿山后，秦郡川原尽陇西。
征调频年忧戍士，逃亡何计复蒸黎。
徘徊险阻谁为守？花马池边落日迷。

甘　肃

风急荒原落雁声，西河霜气逼严城。
金笳几处秋乘障，铁马连群夜点兵。
充国留屯沙际没②，嫖姚遗垒月中明。
古来无限安边策，哈密徒劳苦战争③。

选自《清诗汇》

①枵腹事鸣弦：空着肚子去打仗。

②充国：赵充国（前 137—前 52），西汉大将，善骑射，有谋略，熟知边情，曾击败匈奴，平定武都氐人反叛，又与羌人作战，屯田于西北，促进了西北地区的开发。

③哈密：指哈密卫，在今新疆东部，邻接甘肃，为隋唐后通西域的交通重镇。此句指明王朝与吐鲁番争夺哈密的战争。

关　楼

清·陈廷敬

壁垒高楼壮，旌旗古镇尊。
塞风春不断，边日昼长昏。
悲角关楼动，孤城海气翻。
往来凭吊意，辞赋欲销魂。

选自《国朝诗别裁集》

雨中度故关[①]

清·王士祯

危栈飞流万仞山，戍楼遥指暮云间。
西风忽送潇潇雨，满路槐花出故关。

选自《万里长城诗选》

①故关：太行山长城关口。

贞女祠（姜女祠）

清·陈天植

迢迢长城路，纤纤弱女身。不惮万余里，寻夫辽海滨。
夫婿从征役，劳劳多苦辛。耐此霜雪威，白骨委黄尘。
寒衣刚送到，不见扊扅人。对兹筑愁者，翻令蛾眉颦。
登高遥怅望，水石空粼粼。可怜妾薄命，哀怨难俱陈。
夫魂不可招，泪血倾城闉。妇心金石坚，此生聊以殉。
长城役方罢，二世已亡秦。至今千载下，贞女祠犹新。
东海有沧桑，斯坟无沉沦。偶来凭吊生，悲歌当蘩苹。

选自《山海关志》

今姜女庙位于河北省山海关城东望夫石村

澄海楼

清•陈丹

长城万里跨龙头[①]，纵目凭高更上楼。
地近蓬壶仙作主，杯倾海屋酒添筹[②]。
大风吹日云奔合，巨浪排空雪怒浮。
借得雄涛浇磊块[③]，又看新月上银钩。

选自《山海关志》

长城诗

清•高士奇

嬴秦昔设险，绝徼营坚城[④]。
蜿蜒亘万里，形势何峥嵘。
堑山筑雉堞，绝壁同云横。
人工既已尽，天险巍然成。
控制接陕右，拱抱环燕京。
畴昔边事严，老幼苦长征。
秋声警哨动，夜火边烽明。
盛朝久息战，四境歌承平。
石楼鸟雀栖，亭障荆棘生。
但看饮马窟，日落寒潭清。

选自《永平府志》

①跨龙头：长城跨在老龙头上。
②筹：古代饮酒游戏所用的矢。
③磊块：即块垒，比喻郁积在胸中的不平之气。
④绝徼：极远的世界。

山海关怀古

清·皂保

祖龙大发骊山徒，信谶谓亡秦者胡。
一万里边勤远略，二千年迹溯雄图。
星分析木形原胜，地接榆关势不孤。
海水自流山自在，谁将轶事说扶苏①。

选自《长城古诗二百首》

登三屯镇城楼寓目

清·徐元梦

雉堞连山起，登临亦壮哉。
一声南雁去，万里北风来。
苔没前朝碣，云寒上将台。
兴亡无限意，尚想济时才。

选自《万里长城诗选》

入山海关

清·爱新觉罗·玄烨

长城尽处海山奇，
守险无劳百万师。
寰宇苍生归历数，
当年指顾定鸿基。

选自《畿辅通志》

①扶苏：秦始皇长子，因对坑杀儒生等事多次劝谏触怒始皇，遂被派往上郡监蒙恬军。相传始皇死后，中车府令赵高与丞相李斯合谋伪造遗诏，迫令扶苏自尽，立少子胡亥继位。

蒙恬所筑长城

清·爱新觉罗·玄烨

万里经营到海涯①，
纷纷调发逐浮夸②。
当时费尽生民力，
天下何曾属尔家③。

选自《畿辅通志》

一络索④

清·纳兰性德

野火拂云微绿，西风夜哭。苍茫雁翅列秋空，忆写向、屏山曲⑤。
山海几经翻覆，女墙斜矗⑥。看来费尽祖龙心，毕竟为、谁家筑。

选自《万里长城诗选》

①海涯：海的边上，这里指老龙头。

②逐浮夸：竞相搞空虚不实的报功。调发：调动征发兵民。

③尔家：你的家天下。尔，指主修长城的历代帝王。

④一络索：词牌名。这首词上阕写长城一带萧瑟的秋色和自己悲凉的情绪，下阕写长城的永在与山河的变迁，流露出物在人非的感叹。

⑤屏山曲：曲名，此处指代家乡。

⑥女墙：这里指长城内侧的矮墙。

澄海楼

清·汤右曾

大海东回水波恶，如山浪打长城脚。
千年万年鬼夜哭，冶铁销沉石崩落。
王公设险古制存，屹立重关严锁钥。
干戈相寻远不数，六十年前事如昨。
大盗移国明社墟，澒洞烟尘昏六幕。
是时关门临贼垒，白日旌竿莽萧索。
奸凶满盈人鬼怒，世运艰屯神圣作。
飞龙首出在九天，熊虎戎衣只一著，
石河西南破贼处，父老犹言战时乐。
不闻人声闻刃声，霹雳摧枯风扫箨。
只今车书通万里，天下一家无厚薄。
名都货贝街喧阗，属国赆琛驿交错。
承平暇日展游眺，宾客闲情寄觞酌。
兹楼我到亦偶尔，万古心胸忽开拓。
更喜天容海色清，侧身东望蓬莱阁。

选自《永平府志》

登喜峰城

清·曹寅

二十年来战伐余，一城山色晚烟初。
白盐赤米饱亦足，碧草黄花春晏如。
石戍火寒投野鸽，陇头沙浅渡樵车。
貂裘自顾增羞涩，明月天涯有敝庐。

选自《楝亭诗钞》

长城下作歌

清·许荪荃

长城之长何蜿蜒，北接赵魏兼幽燕。
一带固围坚似铁，千秋壮观耸于山。
山势周遭万余里，长城高并青云峙。
断岭迂回不断垣，连天排宕还连水。
我来驱马立斜阳，却见边城朔气黄。
陕服总非秦社稷，番人知是汉金汤[1]。
金汤迢迢万世利，筑城莫道秦非智。
底似阿房巧蔽天，骊山三百曾无地。
吁嗟筑此增秦强，那得城长世亦长。
斜月冷烟浸濠窟，行人搔首对边墙。

选自《慎墨堂诗集》

1925 年 [美] 罗伊·查普曼·安德鲁拍摄的八达岭古道

①金汤：金城汤城的省称，比喻防守坚固的城池。

饮马长城窟

清·傅昂霄

君不见长城之北青海边，
平沙直上黄云天，沙中白骨堆何年？
阴山九月风怒号，风吹戍火连云高。
云中五原军出幕①，左贤右贤心胆落②。
军中大将闻姓霍。
鼓声如雷笳声死，冒围脱走天骄子③。
烽烟一扫万里秋，汉家天子恩未酬，
男儿何用言封侯。
太白蚀月旄头没④，归来饮马长城窟。

选自《长城古诗二百首》

①云中、五原皆古地名。云中，一处指先秦及秦汉时的，治所在今内蒙古托克托东北，一处是唐及唐以后的，治所在今山西大同市。五原，汉郡名，治所在今内蒙古包头市西北。

②左贤右贤：匈奴的左贤王和右贤王，是单于以下的最高官职。

③天骄子：天之骄子。汉朝人译称匈奴“单于”为“天之骄子”，后来也称历史上某些少数民族及其君主为天骄。

④太白蚀月旄头没：星象主亡敌主帅。旄头，《史记·天官》：“昴曰旄头，胡星也。”

古 北 口

清·高其倬

九边雄寰中，古北乃其一。
北顾阚居庸，南境抵辽碣。
屹然介其间，长垣兀积铁。
高冒峰峦巅，低竟蛟龙窟。
晴空展虹霓，海势现城阙。
千里不可穷，随山远曲折。
城头一抔土，黎庶九州血。
作俑赵与秦，流弊及明末。
貂珰秉国成，书生总戎律。
志拟封狼胥，兵不逾房闼。
飒沓西风来，万骑射南月。
腾凌在俄倾，若蹴蚍蜉堞。
深源竟丧师，无忌空抱节。
可怜边沙中，青磷照白骨。
城同夏鼎倾，事与秋烟灭。
龌龊何足论，阶厉病前哲。
不见张韩公，筑城门不设。
从来守边术，能战守可说。
更有必胜方，千古同一辙。
赤子付龚韩，白麻命萧葛。

选自《味和堂诗集》

长城上用于防御的古炮

出　关

清·徐兰

凭山俯海古边州，旆影风翻见戍楼。
马后桃花马前雪，出关争得不回头。

选自《永平府志》

送查大冢宰领大将军敕出嘉峪关①

清·鄂尔泰

宣麻西下领诸侯②，小驻筹边望戍楼。
关塞地连青海曲③，营屯人过赤金头④。
旌旗一变思干羽⑤，挞伐重光问虏酋⑥。
高筑受降功倍远，期君饮至赴皇州⑦。

选自《肃州新志》

①查大冢：即查郎河，满族镶白旗人，姓纳喇氏，雍正年间授川陕总督，寻署宁远大将军，总统西路军。时准噶尔屡犯卡伦，查剿堵之。
②宣麻：唐代任命将相，用白麻纸写诏书，宣告于朝廷，谓之宣麻。
③青海曲：青海湖曲折隐秘处。青海湖古称西海，在今青海省东北部。
④赤金头：赤金卫的前面。赤金，一作赤斤，即今甘肃玉门市西北赤金堡。
⑤干羽：古代舞者所执的干盾和羽扇，泛称庙堂之舞。
⑥重光：高昌国麴文泰（公元620~623年）的年号。高昌国后为唐所灭。这里喻指吐鲁蕃。
⑦皇州：帝都。

登河防口边城[1]

清·潘其灿

山海居庸千里长，前朝于此重边防。
藩篱属国亡三卫[2]，屏蔽中原恃一墙[3]。
保塞规模传魏国[4]，筑台形制说南塘[5]。
而今中外为家日，直北舆图接大荒。

选自《长城古诗二百首》

固关道中

清·刘震

崎岖天路仄，径绝险摩空。
直此盘回上，何难霄汉通。
阴晴山向背，苦乐辙西东。
百二秦关接，重重控禹功。

选自《万里长城诗选》

①河防口：明万里长城隘口之一，在今北京密云县大水峪口西南，位于古北口、居庸关之间。

②三卫：指明初在长城北建立的大宁卫（今内蒙古宁城县）、开平卫（今内蒙古多伦县）、东胜卫（今内蒙古托克托）三个重镇。亡，失去。

③恃一墙：依仗长城。

④魏国：指明魏国公徐达。徐达经略自古北口至山海关时，增修关隘，巩固边防。

⑤南塘：指戚继光。戚继光，号南塘，隆庆二年（公元1568年）被命以都督同知总理蓟州、昌平、保定三镇练兵事，沿边墙增建敌台，以利守御。戚继光在蓟镇凡十六年，边备修饬，军容强盛，为九边之冠。

一片石

清·徐世茂

山回地回几人家，斜抱长城一望赊。
乱石远沙含夕照，深林空翠映飞霞。
九门洞曲浮秋水，三辅风高起暮笳。
寂寂客怀愁不寐，忽来寒月照窗纱。

选自《抚宁县志》

长城上的铁制古炮

查勘关隘遍历大关内外纪事二首①

清·魏元枢

（一）

长城尽日此经行，谁挽天河洗五兵②。
碛外风高飞鸟没，回中沙软马蹄轻。
烽烟已靖千秋色，旌旆空悬万里情。
瓯脱遍沾新雨露，不妨缚绔到儒生③。

（二）

驱车千里出重关，高卷双旌过市阛。
岂有胡笳吹汉月，曾无牧马到阴山。
连天阡陌新畴拓，卧草牛羊野性闲。
王化祗今敷海外，何须亭堠出云间。

选自《万里长城诗选》

城工告成（四首选一）

清·汪潆

塞垣坚筑势隆崇，造作纷纭督百工。
事倚群曹分效职，期逾一载告成功。
云峦翠列层楼外，城郭烟环四望中。
疆宇新开增气象，边民辐辏往来通④。

选自《长城古诗二百首》

①大关内外：长城主要关口内外，这里指偏关、宁武关、雁门关等。

②洗五兵：洗刷各种兵器。这里是说兵甲已洗，战事已息。

③缚绔：由胡服演变而来的军旅中穿着的服饰，这里代指军人。

④辐辏：车辐凑集于毂上，比喻人或物集聚一处。边民：边地人民。这首诗反映出清朝也修长城，但目的已经不是军事防御而是为了方便交通。

龙泉关[1]

清·严遂成

燕晋分疆处，雄关控上游。
地寒峰障日，天近鹗横秋。
虎护千年树，人披六月裘。
夜来风不止，严鼓出谯楼[2]。

选自《长城古诗二百首》

喜峰口

清·英和

万重山作郭，一片雪当门。
地回春光浅，年深古迹存。
几朝森壁垒，此日统乾坤。
在德非关险，秦皇何足论。

选自《永平府志》

①龙泉关：太行山长城隘口之一，在今河北阜平县西，有上下二关。
②严鼓：庄严的鼓点声。谯楼：古时建在城门上的楼子。

古长城

清·爱新觉罗·弘历

延袤古长城，东西数万里。
其说出蒙古，克勒木迤逦[①]。
汉书称龙堆[②]，仿佛疑既此。
婉蜒走山川，见田岂谬拟。
向曾为之记[③]，浅言抉深理。
天地自然生，南北限以是。
设云人力为，早应就堕圮[④]。
然今果限谁，内外一家矣。

选自《畿辅通志》

长城

清·爱新觉罗·弘历

埤垸栖岩障[⑤]，徒惊建筑奇。
民膏真叹竭，地险讵能持？
万里东西亘，千秋鉴戒垂。
胜朝事修葺，遐想动嗟咨[⑥]。
可识戒严日，已成失守时。
金汤岂云是，在德有前规。

选自《畿辅通志》

①克勒木迤逦：城墙曲折连绵。乾隆帝自注："蒙古语谓城墙为克勒木。"

②龙堆：亦名白龙堆，在新疆天山南麓，今名库穆塔格，多流沙，沙形如卧龙。

③向曾为之记：指乾隆帝曾写过《古长城记》："木兰自东至西，延袤数百里，中横亘若城堑之状，依山连谷，每四五十里辄有斥堠屯戍旧迹。问之蒙古及索伦，皆云：此古长城也。东始黑龙江，西至于流沙类然……或曰：此非城也，盖天地自然生此，所以限南北也。夫天地即生此以限南北，则秦之为长城益可笑矣。"实际上乾隆帝记述的可能是金界壕长城。

④堕圮：毁坏坍塌。

⑤埤垸栖岩障：长城停留在岩石屏障上。埤垸，城墙上的垛墙。

⑥嗟咨：叹息。

就地取材的明长城石砌墙体

长 城 谣

清·宋梅

噫吁嘻乎此长城，列巘埤垷高峥嵘。
临洮首役辽阳讫，绵亘屈曲万里程。
蒙恬当日兴建筑，黔黎性命鸿毛轻。
嫞人之妻孤人子，四野嗷嗷闻哭声。
哭声动地哀欲绝，翔风凛冽城为崩。
紫塞屹立中外控，祖龙惨淡经营成。
辒辌车杂鲍鱼载，海内逐鹿纷纵横。
金汤在德不在险，一语千秋足定评。
噫吁嘻乎此长城！

选自《大同府志》

边 墙

清·俞纳

斥候烽烟静，沿壕长绿莎。
高台蹲健鹘，荒碛卧明驼。
地利宜耕牧，边氓息铠戈。
车驱经废堞，怀古漫悲歌。

选自《灵州志》

边　墙

清•侯士骧

古堞俨周遭，黄云补断壕。
客心沉戍角，边日淡征胞。
野阔牛羊小，天空鹰隼高。
康时本无外，设险笑徒劳。

选自《灵州志》

消息•雁门关

清•张埙

立马中原，百年几度。
雁门关上，上有沙陀，
剑铓句注，下有滹沱涨。
当时呼啸，沙虫猿鹤，
犹在碧空中响。指金疮。
功名李郭，一点土花摇漾。
石郎可笑，关门而北，
一十六州无长，卧榻之前，
他人鼾睡，饭将何望，
风流何似，远公世外，
小市特传新样。
且闲来、图径检点，戍楼人旷。

选自《万里长城诗选》

长　城

清·索绰络·德保

长城设险势方豪，空忆亡羊尚补牢。
但使雄关分内外，遂教沧海动波涛。
金墉不解萧墙患，粉堞曾同束马劳。
千古人来城上望，笑他坚垒敌弓刀。

选自《万里长城诗选》

遥相呼应的长城敌楼

长城岭歌

清·梦麟

孤光倒空天有脚，龙泉关头炮车落。
旌竿曳云颓不高，狞飙攫人大雪作。
行人帕首弓在腰①，霹雳脱手饥鸱号②。
草间狐兔不敢出，马蹄直上坡陁高。
清时万落通诸夏③，老兵吹笛长城下。
胝角常闲龙武军④，窥垣不见乌孙马⑤。
翻忆修关列格初，指堕层冰骨填野。
溪谷风悲冻更豪，犹哭前朝筑边者。
雁门鸡鹿黄云屯，射虎川北惊蒿翻⑥。
黄沙莽莽塞穷漠，天低日落焱轮奔⑦。
子城纵目豁怀抱⑧，坐收万幕归中原。
野阔天寒静刁斗，时闻野兽呼其群。
是时大石垂空走，驱飙夜捣长城口。
举头触关关不开，倒掣千山作牛吼。
孤涂入侍献鹰马，于鞬老上今陪君⑨。
即如此关阑干刻画形空存，杀人善战胡足云。
安得生炙黄羊一杯酒，与尔射獐逐鹿老作蓝田叟⑩。

选自《长城古诗二百首》

①帕首：即帕头，古代男子束发的头巾。

②饥鸱号：饥饿的鸱鹰发出号叫。霹雳脱手：抛出的疾雷声，喻饥鸱号。

③诸夏：周代王室分封的诸国，泛称中国。万落：众多的部落。清时：政治清明时。

④龙武军：唐代禁军名称。太宗择禁军善射者百人，号为百骑，武则天时改为千骑，中宗改为万骑，分左右营。这里指精锐部队。

⑤乌孙马：乌孙族骑兵。乌孙：古族名。窥垣：窥探长城。此句讲不再见少数民族部落的侵扰。

⑥雁门鸡鹿：雁门关、鸡鹿塞。鸡鹿塞，古塞名，在河套西部屠申泽西面，即今宁夏石咀山市北与内蒙古接壤处，为秦、赵长城上的一个塞堡。射虎川：在今山西五台县东北，清康熙帝西巡回辇，循长城而东，忽有虎伏林莽间，亲挽弓射杀之，赐名射虎川。

⑦焱轮：指太阳。

⑧子城：大城所属的小城，如瓮城、月城之类。

⑨孤涂：匈奴人谓子为孤涂。于鞬：疑即“犛鞬”，汉时西域国家之一，即大秦国。

⑩蓝田叟：蓝田的老人。蓝田，县名，在今陕西省渭河平原南缘，秦岭北麓，灞河上游，秦代置县，产玉。

娘 子 关

清・王祖庚

娘子军容讲武台，雄关嵲屼倚山偎[①]。
城临苇泽湍流急[②]，寨望承天曙色开[③]。
寻到源头飞瀑雨[④]，坐来树底绝尘埃。
圣朝休养干戈息，郑国渠边沃草莱[⑤]。

选自《长城古诗二百首》

娘 子 关

清・陶易

飞泉百尺听潺湲，
一镜澄空泽水源，
莫叹金元文献杳，
风流千古忆题痕[⑥]。

选自《平定州志》

①嵲屼：崇高貌。
②苇泽：古县名，故城在今河北井陉城西南。
③承天：承天寨，在娘子关附近的承天台上，为古代驻兵之所。
④源头：指泽发河的源头，一名毕发河，即娘子关瀑布。
⑤郑国渠：战国时韩人郑国为秦开凿的一条用于灌溉的大渠。沃草莱：浇溉草木。
⑥痕：指元好问咏娘子关瀑布的长诗《游承天悬泉》，共400余字，对娘子关瀑布有生动描绘。

途中望长城

清·赵大经

峰腰一线露边痕[①]，匹马秋风为断魂。
长笑蒙恬伤地脉[②]，何如李广将军屯。
深山虎乳巢墙缺，破障人归越塞门。
太息前朝增垒处，夕阳残堞易黄昏。

选自《永平府志》

出关作

清·洪亮吉

半生纵踪未曾闲，五岳游玩鬓乍斑。
却出长城万余里，东西南北尽天山。

选自《洪北江诗文集》

①痕：长城的痕迹。

②地脉：大地的脉络，古人讲风水时指地形的好坏。《史记·蒙恬列传》载，秦朝名将蒙恬被秦二世和赵高谋害至死之前，“喟然大息曰：‘我何罪于天，无过而死乎？’良久，徐曰：‘恬罪固当死矣，起临洮属之辽东，城堑万余里，此其中无绝地脉哉？此乃恬之罪也！’乃吞药自杀。”

拟饮马长城窟

清·黄景仁

秦城苍苍汉月白，秋风饮马城边窟。
髑髅出土绣碧花[①]，犹道秦时筑城卒。
秦皇筑城非不仁，汉武开边亦可人。
遮断玉关朝遣戍，长驱青海夜生尘。
祁连封后焉支失[②]，绝漠愁胡眼流血。
残星点点散牛羊，霜天萧萧动觱篥。
闻道官家重首功，轻车仍拜未央宫[③]。
从此北庭常保塞，几曾南向敢关弓。
身生旧日云中守，列帐传呼赐牛酒。
三时禾黍种连云，四月桃花开马首。
城郭安西净扫除，蒲桃天马贡长途。
太平不用封侯相，卫霍于今只读书[④]。

选自《长城古诗二百首》

①绣碧花：绣上了碧绿的花朵，这里借喻出土的髑髅上沾有铜土锈。

②焉支：焉支山，又称胭脂山，在今甘肃永昌县西，绵延祁连山和龙首山间。古匈奴在汉代失去祁连焉支二山后，作歌曰："亡我祁连山，使我六畜不蕃息；失我焉支山，使我妇女无颜色。"

③未央宫：汉宫名，遗址在今陕西西安市西北，汉高祖七年（公元前200年）丞相萧何主持修筑，极壮丽。轻车：汉代有轻车将军，为统兵作战的高级武官，这里似指汉轻车将军李蔡。

④卫霍：西汉名将卫青、霍去病。

喜峰口歌

清·钟昌

山苍苍，海茫茫，长城直亘青天长。
长城险绝行不得，但见诘屈蜿蜒山路如羊肠。
撼地涛声作龙吼，扬鞭直出喜峰口。
峰下奔沙团雪飞，峰头老树挟风走。
边墙凹凸断复续，两崖峙壁势一束。
雄山扼险五丁开，中留一线通车轴。
古堠遗址犁为田，居人往往拾金镞。
我今奉使出关来，立马斜阳首更迴。
白日阴森双峡合，青天苍莽万山开。
吁嗟乎！长城雪，战场血，至今犹见秦时月。
我欲狂歌饮马谣，古来壮士同灰灭。

选自《永平府志》

长城歌

清·爱新觉罗·颙琰

万里连绵置戍长，东接山海西甘凉。
劳民疲力奋白梃，万世丕基二世亡。
乃知在德不在险，祖龙侈愿终荒唐。
雉堞排空果何用，漫论南北分岩疆。
我朝承天大一统，西逾沙海东扶桑。
中外不殊若户闼，列圣厚泽施汪洋。
皇父敬述益博厚，六十余年德化扬。
雄关稽古存其概，怀柔每岁临山庄。
扈随拈管记事实，殚心继序敢不蘉。

自秦筑长城，无论汉、魏、晋、唐、宋、元、明，皆借守险，间隔中外。考《宋史》宣和三年（公元 1121 年），金败辽兵于古北口。嘉定二年（公元 1210 年），蒙古侵金至古北口，金人退居庸关。致和元年（公元 1328 年），托克托睦尔守古北口，与上都兵战于宜兴。是辽、金、元亦未尝不以此为险隘。唯我朝列圣以来，德威光被，遐迩归心，口隘之间，墩堠尽辍。圣祖发幸山庄避暑行狝，蒙古诸部欢欣款洽，如接家人。至我皇父率祖攸行，久道怀柔，益觉沦肌浃髓。前以潮河盛涨，旧堞冲颓，仅令略为修整，以存其概，用志古迹。盖至诚孚格，中外一家，稽诸前史，实未曾有。予日聆“在德不在险”之训，兹随扈巡视，继序钦承，不敢不勉。

选自《畿辅通志》

冀东险峰上的明长城

长城古刹

清·王一士

秦为防胡筑塞垣，唐崇释氏庙踪繁。
千年古刹遗踪在，万里长城片石存。
山锁清流开净境，松笼丹腰映朝暾。
正当鸟语花香际，凭吊流连数举樽。

选自《临榆县志》

出山海关

清·祁寯藻

为问长城几许长，前朝曾此重边防。
兵屯满地今墟落，禾黍连天古战场。
惟见凌河仍牧马，不闻辽水更分疆。
六龙安辔经行处，却望岩关是故乡。

选自《永平府志》

白羊峪敌台怀古

清·张太复

我来白羊峪，怀古心苍茫。
不见白羊斗，但见青山长。
青山起伏如骇浪，西来直到东海上。
蜿蜒一气奔游龙，万里回头只一望。
远距居庸近喜峰，直走山海地忽穷。
长城高下互钩带，随山转涧纷祟墉。
祟墉回环接敌台，台台相望四面开。
台各二成门十六，内外关通珠九曲。
蛇窟仰穿忽透天，睥睨横空恣遐瞩。
当肘创制由南塘，勇夫重闭成金汤。
土蛮朵颜屡窥伺，鸳鸯阵结分圆方。
千骑万骑漫蹙踏，飞炮轰击拒马如排墙。
长枪狼筅更勇敢，从此长昂惊破胆。
十年烽燹静幽燕，宛在芳亭日游览。
北山南庙吟风烟，轻裘缓带追岘山。
赖得中钥肘无掣，江陵宜黄司其权。
飘忽神宗四十载，奄寺弄权时事改。
关门出入虚无人，空有坚城屹山海。
城郭如故人民非，此间形胜依然在。
于今中外称一家，戍卒常闲辽海涯。
天下有道四夷守，边隅设险何足夸。
君不见，青山四围斜日冷，一带清溪动光炯。
乘高四顾人烟稀，老树青苍被冈岭。
好及春来，薄薄落落开雪花，踏遍银云十万顷。
（自注云：山下人家多植梨树，一望无际。）

选自《永平府志》

望长城

清·朱楷

峰头雨霁快登临，纵目长城入远岑。
雉堞蟠回秋色满，戍楼出没碧云深。
天开岩险分中外，地接沧瀛历古今。
诗客但言边塞苦，盛时耕凿足歌岭。

选自《永平府志》

边墙

清·郭楷

一带辽远峙，雄边制四邻。
黄沙今夜月，白骨古时人。
饮马窟犹在，鸣刁迹已成。
时清烽戍减，耕田乐斯民。

选自《长城古诗二百首》

恭和御制《古长城》元韵

清·爱新觉罗·旻宁

间存遗址亘山横，塞北曾闻上古城。
落落余基云外接，森森叠嶂画中呈。
三秋行狝沾恩溥，四海为家以德成。
圣世同风卑恃险，我皇宵旰念持盈。

选自《畿辅通志》

出嘉峪关感赋四首

清·林则徐

严关百尺界天西，万里征人驻马蹄。
飞阁遥连秦树直，缭垣斜压陇云低[①]。
天山巉削摩肩立，瀚海苍茫入望迷。
谁道崤函千古险[②]？回看只见一丸泥[③]。

东西尉候往来通，博望星槎笑凿空[④]。
塞下传笳歌敕勒，楼头倚剑接崆峒[⑤]。
长城饮马寒宵月，古戍盘雕大漠风。
除是卢龙山海险，东南谁比此关雄。

敦煌旧塞委荒烟，今日阳关古酒泉。
不比鸿沟分汉地，全收雁碛入尧天。
威宣贰负陈尸后，疆拓匈奴断臂前。
西域若非神武定，何时此地罢防边。

一骑才过即闭关，中原回首泪痕潸。
弃繻人去谁能识，投笔功成老亦还。
夺得胭脂颜色淡，唱残杨柳鬓毛斑。
我来别有征途感，不为衰龄盼赐环。

选自《云左山房诗钞》

①缭垣：回旋曲折的长城。

②崤函：崤山边的函谷关，在今河南灵宝县西南，地势险要。

③一丸泥：函谷关位处山谷狭道中，古人说只要用一丸泥就可封住关口，极言其地险易守。这里说回望函谷关，小得真如一丸泥，以衬嘉峪关的高大。

④博望星槎：指西汉博望侯张骞。星槎，可以在天河行驶的木筏。传说张骞出使西域时，曾经乘槎寻找黄河水源，结果却划进了天河。

⑤歌敕勒：咏唱《敕勒歌》。《敕勒歌》是北朝时敕勒族民歌，歌辞云："敕勒川，阴山下，天似穹庐，笼盖四野。天苍苍，野茫茫，风吹草低见牛羊。"歌辞系从鲜卑语译出。崆峒：似指甘肃岷县西之崆峒山。

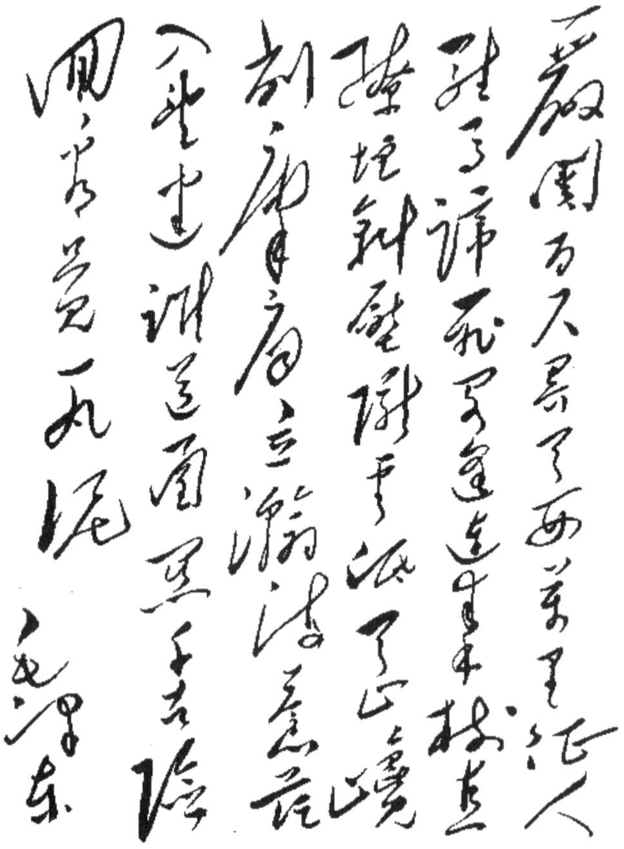

毛泽东书林则徐诗《嘉峪关感赋》

澄海楼

清·史梦兰

海上三山不可即，仙人楼阁际天极。
四千里外起罡风，吹来矗向沧溟北。
沧暝之北山重重，长城划断关西东。
南趋入海行且止，势如峻坂回奔龙。
龙奔欲驻首昂起，云霞万丈摩青空。
危楼高压老龙顶，雕梁画栋疑神工。
蜃气迷离相映带，凭阑俯瞰冰夷宫。
瀛洲方丈在咫尺，惊涛卷地声隆隆。
三十年前曾到此，旌旗猎猎斜阳紫。
秦皇岛畔筑新营，记得海防自兹始。
当时欲弃终军繻，请缨无路空踟蹰。
今来登眺头已白，海防视昔当何如？
列圣东巡此驻跸，赓歌盛与唐虞匹。
楼前地界接蓬壶，楼上天章辉日月。
创建今逾二百载，风雨摧残形渐改。
荆南太守谋鼎新，轮奂依然发光采。
旧称澄海果能澄，金榜犹题御赐名。
安得海氛净如埽，千秋常并黄河清。

选自《永平府志》

效饮马长城窟

清·徐树铭

怫郁筑长城，长城何连连。
健儿格斗群虏遁，一城何能塞九边。
苟能用一夫，戎虏相迍邅。
赵魏齐楚燕，一将举之如赚圜。
何为纷纷畏北贼，填塞白骨连青天。

闺中少妇能坚节，边马何时去边月。
远人望月马嘶风，秦吏正督修城功。
健儿含悲对秦吏，不知有人大呼公。
等既皆去，吾亦从此逝。

选自《晚晴簃诗汇》

长城歌

清·马侚

长城筑怨秦不知，崇墉万古长嶷嶷。
长城备边秦不及，狐鸣蛇断群雄驰①。
空见延延太行尾，堑山堙谷海为池。
后人望之若蜃市，大笑秦皇汝痴矣。
同时燕赵各筑边，毕竟覆国非北鄙。
秦能灭之秦不思，效其劳民焉足恃。
秦人摇首不谓然，非秦谁使长城起。
自从五丁开山来②，百姓乐成难虑始。
捶拊刀锯严迫驱，民筑长城且缓死。

①狐鸣蛇断：指陈胜大泽乡起义前令吴广在古祠伪作狐鸣，呼“大楚兴”“陈胜王”之事，以及刘邦在放走去添筑秦始皇陵的犯人后，路遇大蛇斩杀之，有老妪说是赤帝子杀了白帝子之事。这两件事都是英雄起事的舆论准备。

②五丁：古代神话传说中的五个力士，传说蜀道是五丁开的，这里用五丁开山比喻修筑长城。

亭障罗列百万兵，牧马无人七百里。
英雄举事必无穷，害在一时利万纪。
岏崿紫石蟠危墙，纷纷于此论边防。
中原天界一线内，大地平围万里长。
万乘待边诅缚马，三城设险虞亡羊。
使非旌旗倚秦塞，何能再距森开张。
渝关险隳勇将怯，燕云地失雄图亡[1]。
遂令后代逞豪骏，百楼万雉营修忙。
敌台千里少保戚，马池再筑三目杨[2]。
詈秦者即飨秦利，今古功名归战场。
始知苍昊若有意，专遣秦人治边地。
不然闰运何不延[3]，长城功毕辒辌至[4]。
卢生秦谶逢沙邱[5]，沛公送徒起丰泗。
鹑首醉秦忽复醒，长城月冷空闲弃。
从来智计难胜天，但留铁壁横风烟。
烽堠橹棚分向背[6]，高高下下皆珠联。
连云岌嶫上瓴甋[7]，抵谷委折穷渊泉。
迤逦列戍转蜗壳，星罗棋置黄云巅。
西北环抱烛龙脊，东南填压共工肩[8]。
关峻但闻通流水，势险直欲遏飞鸢。
长城一筑限中外，神皋遂隔龙沙边。
王公设险守其国，勇夫重闭防未然。
岂知梯航通玉币，郅治八荒归控制[9]。
金瓯早画益地图，开拓唐虞古形势。
天之所覆同一家，稽首皇家作仆隶。
长城蜿蜒空自长，所用防秋巩带砺。
古苔没址埋战骨，野花含香围埤垸。
古云在德不在险，而今外户已不闭。
岩谷桑麻安耕凿，山城诗书竞鲁卫[10]。
当年饮马冰雪窟，童叟恳辟给租税。
唯见长城匹练舒，翠屏九曲叠云际。
长城磊磊山峨峨，天下大同亿亿世。

选自《永平府志》

①燕云：燕指契丹所建的燕京，云指云州。燕云的名称始于北宋末，初为宋人意图收复北部失地的泛称，后建立燕山府、云中府两路，才有确定的地域。

②少保戚：指戚继光。三目杨：指杨一清，明朝大臣，正德年间节制延绥、宁夏、甘肃三镇军务，嘉靖年间又总制三边军务。

③闰运：非正统的国运。

④辒辌：辒辌车，指丧车。《史记·李斯列传》："李斯以为上（秦始皇）在外崩，无真太子，故秘之，置始皇居辒辌车中。"

⑤沙邱：即沙丘，地名，在今河北广宗县西北，秦始皇巡视途中病逝于此。

⑥烽堠橹棚：烽火台、瞭望亭、木楼台屋等长城上及长城附近供侦察用的建筑。

⑦瓴甋：砖。

⑧共工：氏族名，炎帝裔，又名共工氏，古代神话传说中的水神，掌控洪水。

⑨郅治：治理得非常好。八荒：八方荒远之地。

⑩鲁卫：春秋时期的鲁国和卫国，这两国重视儒学。

度悽惶岭至山海关望长城

清·唐宗煌

策马岭云高，关门倚石牢。
千峰蟠朔漠，一线走临洮。
楼角侵边色，城根撼海涛。
每怀今古事，不尽水滔滔。

选自《临榆县志》

居庸关(三首选二)

清·魏源

（一）

十里嵚奇托一程①，连云虎跨是关城。
雄山尚作窥边势，古涧难平出塞声②。

（二）

橐驼何部贡黄羊③，平世浑忘古战场。
春草绿如秦塞界，桃花红过汉封疆。

选自《万里长城诗选》

①嵚奇：山高峻貌。

②出塞声：古乐府有《出塞曲》，汉武帝时李延年根据西域乐曲改制，声调雄壮，歌词多写边塞将士的军旅生活。这句的意思是说古涧也像是唱着边塞战歌（尽管不够雄壮）。

③橐驼：骆驼，此处代指元朝或北方少数民族。黄羊：亦称蒙古羚。

京畿藩屏居庸关

行居庸山中书所见

清·延清

巧就高山下，长城筑四围。
清时兵尽撤，古戍挂斜晖。

选自《历代塞外诗选》

长　城

清·范大元

骄虏昔未平，秦墙紫塞横。
舆图今万里，不必限长城。

选自《历代塞外诗选》

居庸叠翠

清·爱新觉罗·载淳

万重苍翠拥雄关，遥指居庸杳霭间。
雉堞高依秋月静，螺峰浓带塞云环。
画屏掩映层峦秀，石径萦纡一线攀。
迢递八陉形胜地，征西人唱凯歌还。

选自《畿辅通志》

巡边诗

清·游智开

码头日日傍边城，向晚城头月又明。
关塞万重天万里，西风何处燕飞声。

选自《永平府志》

出军歌第四首

清·黄遵宪

绵绵翼翼万里城，
中有五岳撑。
黄河浩浩流水声，
能令海若惊。
东西禹步横庚庚。
行行行！

选自《长城名咏集》

登万里长城二首

清·康有为

（一）

秦时楼堞汉时营，匹马高秋抚旧城。
鞭石千峰上云汉[①]，连天万里压幽并[②]。
东穷碧海群山立，西带黄河落日明。
且勿却胡论功绩，英雄造事令人惊[③]。

（二）

汉时关塞重卢龙，立马长城第一峰。
日暮长河盘大漠[④]，天晴外部数封疆[⑤]。
清时堡堠传烽静，出塞山川作势雄。
百万空弦嗟往事，一鞭冷月踏居庸。

选自《长城名咏集》

长城古刹

近代·高金镕

林端一片夕阳明，旧瓦仍存古寺名。
剩有大文留断碣，会无遗老说长城。
尘封画壁丹青落，露冷荒阶苔藓生。
为问祖龙何筑怨，西风撼树暮蝉鸣。

选自《临榆县志》

①鞭石：驱赶石头，有传说曰神人能驱石下海。
②幽并：幽州和并州，今河北、山西一带。
③英雄造事：这里指秦始皇修长城事。
④盘大漠：这里是诗人想象黄河流经西北大沙漠地带时的景象。
⑤天晴外部数封疆：天晴时看得见的长城之外曾多次成为疆界。

哀澄海楼

近代•刘文临

宁海城边衰草秋[①]，残垒夕阳相向愁。
国旗拔去张欧帜，夷歌互答声啾啾[②]。
清皇四海为家日，澄海楼前几驻跸。
君臣宴赏载赓歌，禁体咏海严诗律[③]。
诗成气壮海门涛，想见挥毫风雨疾。
季世艰维海禁开，不见东巡翠辇来。
边防不重海防重，宁海改筑新炮台。
炮台险固扼港口，一夫怒临能固守。
哀哉庚子联军来[④]，守将仓皇弃台走。
列强占借驻海军，防敌反为敌人有。
驱吾民众削台平，摧折危楼如拉朽。
我入夷垒探遗迹，残阶废址若凝碧。
一物颓然卧草莱，宸翰犹镌在白石[⑤]。
我思往事已扼腕，再见楼基肠欲断。
掉头不顾遵海行，暮潮滚滚愁心乱。
忆昨武英殿上陈列珍品众[⑥]，金质猎枪英国贡。
标志犹记乾隆年，盛衰反掌浑如梦。
君不见万寿山、颐和园，海军经费为亭轩[⑦]。
宫人白首谈天宝[⑧]，供奉遗曲悲贞元[⑨]。
天后但知游幸乐，牙山犹有未招魂[⑩]。

选自《临榆县志》

①宁海城：在山海关以南海边的老龙头上，南城墙上建有澄海楼。清光绪二十六年（公元1900年）八国联军攻占老龙头后，英国驻军于此。

②欧帜：指英国的国旗。夷歌：指英军官兵唱的歌。

③禁体咏海严诗律：这里指的是清乾隆帝登临澄海楼时曾与大臣们联句唱和，当时依照欧阳修咏雪的“禁体诗”，“凡字画涉水部者概不用”，诗律十分严格。

④庚子联军，指1900年的八国联军。

⑤宸翰：帝王的作的文辞。

⑥武英殿：清故宫里的一个大殿，聚藏各种珍贵文物和贡品。

⑦万寿山、颐和园：在北京西郊，为清代帝王的避暑花园。万寿山在颐和园北部，其名是乾隆皇帝为其母祝寿时由瓮山改成的。颐和园原名清漪园，1860年曾遭英法联军洗劫，光绪十四年（公元1888年）慈禧太后挪用海军经费3000万两，予以恢复，改名为颐和园，以为消夏之所。

⑧天宝：唐玄宗年号，当时杨妃专宠。这里喻指慈禧专权。

⑨供奉遗曲悲贞元：引自唐刘禹锡《听旧宫人穆氏唱歌》一诗。刘禹锡在唐德宗贞元二十一年（公元805年）因参加王叔文等人的政治改革，被贬为朗州司马，二十多年后才被召还，一次偶然听到宫人穆氏唱起贞元时期的歌曲，勾起刘禹锡的回忆，因此感慨万千。这时喻指慈禧扼杀戊戌变法一事。

⑩ 牙山犹有未招魂：指1894年中日朝鲜牙山之战中因统帅指挥不力而无辜屈死的士兵。

居庸关二首

近代·周学熙

建瓯雄势俯燕京，得失频繁与寇争，
轮轨已无天下险，于今金翅御风行。

烟尘宣大限雄关，车驾频经万仞山，
边外风流天子恨，至今香塚尚斑斑。

选自《八达岭长城古诗咏》

车中望居庸关放歌

近代·金天羽

太行之脉常山蛇，西来争道相要遮。
到此二蛇忽相轧，赪鳞翠羽纷腾拏。
盘腰竦节屈项背，南望张口如虾蟆。
我车迳从南口入，蜿蜒石壁行徐爬。
卧观叠嶂泼石黛，起视怪石銛莫邪[1]。
山高谷深动百丈，关门雄锯如排衙。
九地九天自升降，长械彩射朝暾霞[2]。
太行八陉此最隘[3]，飞狐紫荆多歧叉。
手掷万魂赌斯口，当关虎豹雄须牙。
华夷兴丧央俄顷，批亢捣隙乘其瑕。
此关若失走平地，铁骑半日趋京华。
冥行大隧譬如驶，山根地肺穿成洼。
风雷疾止天地朗，康庄高柳垂平沙。
回头却望八达岭，女墙百折屏风斜。
我闻居庸看枫天下最，深秋九月红于花。
宣化葡萄西来新酿熟，霜林爱晚行复来停车。

选自《万里长城诗选》

①銛：锋利。莫邪：宝剑名。这里喻怪石壁立，如利剑刺天。
②暾：初升的太阳。
③太行八陉：穿越太行山的八条通道。

嘉峪关前长城尽处远望

近代·于右任

天下雄关雪渐深，烽台曾见雁来频。
边墙尽处掀髯望，山似英雄水美人。

选自《于右任诗词选》

长城下之哀歌

近代·闻一多

啊！五千年文化底纪念碑哟！
伟大的民族底伟大的标帜！……
哦，那里是赛可罗坡底石城？
那里是贝比楼？那里是伽勒寺？
这都是被时间蠹蚀了的名词；
长城？肃杀的时间还伤不了你。
长城啊！你又是旧中华底碑，
我是这墓中的一个孤鬼——
我坐在墓上痛哭，哭到地裂天开，
可才能找见旧中华底灵魂，
并同我自己的灵魂之所在？……
长城啊！你原是旧中华底墓碑！
长城啊！老而不死的长城啊！
你还守着那九曲的黄河吗？
你可听见他那消沉的脉搏？
你的同僚怕不就是那金字塔？
金字塔，他虽守不住他的山河，
长城啊！你可守得住你的文化！
你是一条身长万里的苍龙，
你送帝轩辕升天去回来了，

古代“丝绸之路”的咽喉要塞嘉峪关地势险要，建筑雄伟

偃卧在这里，头枕沧海，尾蹋昆仑，
你偃卧在这里看护他的子孙。
长城啊！你可尽了你的责任？
怎么黄帝的子孙终于“披发左衽！”
你又是一座曲折的绣屏：
我们在屏后的华堂上宴饮——
日月是我们的两柱纱灯，
海水天风和我们高咏，
直到时间也为我们驻辔流连，
我们便挽住了时间放怀酣寝。
长城！你为我们的睡眠担当保障；
待我们睡锈了我们的筋骨，
待我们睡忘了我们的理想，
流贼们忽都爬过我们的围屏，
我们哪能御抗？我们只得投降，
我们只得归附了狐群狗党。
长城啊！你何曾隔阂了匈奴，吐藩？
你又何曾障阻了辽，金，元，满？……
古来只有塞下的雪没马蹄，
古来只有塞上的烽烟云卷，
古来还有胡骢载着一个佳人，
抱着琵琶饮泣驰出了玉关！……
唉！何须追忆得昨日的辛酸！
昨日的辛酸怎比今朝的劫数？
昨日的敌人是可汗，是单于，
都幸而闯入了我们的门庭，
洗尽腥膻，攀上了文明底坛府，——
昨日的敌人还是我们的同族。
但是今日的敌人，今日的敌人，
是天灾？是人祸？是魔术，是妖氛？
哦，铜筋铁骨，嚼火漱雾的怪物，
运输着罪孽，散播着战争，……
哦，怕不要扑熄了我们的日月，

怕不要捣毁了我们的乾坤！
啊！从今哪有珠帘半卷的高楼，
镇日里睡鸭焚香，龙头泻洒，
自然歌稳了太平，舞清了宇宙？
从今那有石坛丹灶的道院，
一树的碧阴，满庭红日，——
童子煎茶，烧着了枯藤一束？
那有窗外的一树寒梅，万竿斜竹，
窗里的幽人抚着焦桐独奏？
再那有荷锄的农夫踏着夕阳，
歌声响在山前，人影没入山后？
又那有柳荫下系着的渔舟，
和细雨斜风催不回去的渔叟？
哦，从今只有暗无天日的绝壑，
装满了么小微茫的生命，
像黑蚁一般的，东西驰骋，——
从今只有半死的囚奴：鹄面鸠形，
抱着金子从矿坑里爬上来，
给吃人的大王们献寿谢恩。
从今只有数不清的烟突，
彷佛昂头的毒蟒在天边等候，
又像是无数惊恐的恶魔，
伸起了巨手千只，向天求救，
从今瞥着万只眼睛的街市上，
骷髅拜骷髅，骷髅赶着骷髅走，
啊！你们夸道未来的中华，
就夸道万里的秦岭蜀山，
剖开腹脏，泻着黄金；泻着宝钻；
夸道我们铁路络绎的版图，
就像是网脉式的楮叶一片，
停泊在太平洋底白浪之间。
又夸道麕载归来的战舰商轮，
载着金的，银的形形色色的货币，

镌着英皇乔治，美国总统林肯，
各国元首底肖像，各国底国名；
夸道西欧底海狮，北美底苍隼，
俯首锻翮，都在上国之前请命。
你们夸道东方的日耳曼，
你们夸道又一个黄种的英伦，——
哈哈！夸道四千年文明神圣，
俯首帖耳的堕入狗党狐群！
啊！新的中华吗？假的中华哟！
同胞啊！你们才是自欺欺人！
哦，鸿荒的远祖——神农，黄帝！
哦，先秦的圣哲——老聃，宣尼！
吟着美人香草的爱国诗人！
饿死西山和悲歌易水的壮士！
哦，二十四史里一切的英灵！
起来呀，起来呀，请都兴起，——
请鉴察我们的悲哀，做我的质证，
请来看看这明日的中华——
庶祖列宗啊！我要请问你们：
这纷纷的四万万走肉行尸，
你们还相信是你们的血裔？
你们还相信是你们的子孙？
神灵的祖宗啊！事到如今，
我常怨你们筑起这各种城寨，
把城内文化底种子关起了，
不许他们自由飘播到城外，
早些将礼义底花儿开遍四邻，
如今反教野蛮底荆棘侵进城来。
我又不懂这造物之主底用心，
为何那里摊着荒绝的戈壁，
这里架起一道横天的葱岭，
那里又停着浩荡的海洋，
中间藏着一座蓬莱仙境，

四周围又堆伏着魍魉猩猩？
最善哭的太平洋！只你那容积，
才容得下我这些澎湃的悲思。
最宏伟，最沉雄的哀哭者哟！
请和着我放声号咷地哭泣！
哭那不可思议的命运，
哭！看那亘古不灭的天理——
哭着宇宙之间必老的青春，
哭着有史以来必散的盛筵，
哭着我们中华的庄严灿烂，
也将永远永远地烟消云散。
哭啊！最宏伟，最沉雄的太平洋！
我们的哀痛几时方能哭完？
啊！在麦垅中悲歌的帝子！
春水流愁，眼泪洗面的降君！
历代最伤心的孤臣节士！
古来！最善哭的胜国遗民！
不用悲伤了，不用悲伤了，
你们的丧失究竟轻微得很，
你们的悲哀算得了些什么？
我的悲哀是你们的悲哀之总和。
啊！不料中华最末次的灭亡，
黄帝子孙最澈底的堕落，
毕竟要实现于此日今时，
毕竟在我自己的眼前经过，
哦，好肃杀，好尖峭的冰风啊！
走到末路的太阳，你竟这般沮丧！
我们中华底名字镌在你身上；
太阳，你将被这冰风吹得冰化，
中华底名字也将冰得同你一样？
看啊！猖獗的冰风！狼狈的太阳！
哦，你一只大雕，你从哪里来的？
你在这铅铁的天空里盘飞；

这八达岭也要被你占了去，
筑起你的窠巢，蕃殖你的族类？
圣德的凤凰啊！你如何不来，
竟让这神州成了恶鸟底世界？
雹雪重载的冻云来自天涯，
推揎着，摩擦着，在九霄争路，
好象一群激战的天狼互相鏖杀。
哦，冻云涨了滚落在居庸关下，
苍白的冻云之海弥漫了四野，
哎呀！神州啊！你竟陆沉了吗？
长城啊！让我把你也来撞倒，
你我都是赘疣，有些什么难舍？
哦，悲壮的角声，送葬的角声，——
画角啊！不要哀伤，也不要诅骂！
我来自虚无，还向虚无归去，
这堕落的假中华不是我的家！

选自《大江季刊》第一期

古　城

近代•何其芳

有客从塞外归来，
说长城像一大队奔马
正当举颈怒号时变成了石头。
（受了谁的魔法，谁的诅咒！）
蹄下的衰草年年抽新芽。
古代单于的灵魂已安睡在胡沙里，
远戍的白骨也没有怨嗟……

但长城拦不住胡沙
和着塞外的大漠风
吹来这古城中，
吹湖水成冰，树木摇落，
摇落浪游人的心。

深夜踏过白石桥
去摸太液池边的白石碑。
以后逢人便问人字柳
到底在哪儿呢，无人理会。
悲这是故国遂欲走了，
又停留，想眼前有一座高楼，
在危阑上凭椅……
坠下地了。

黄色的槐花，伤感的泪。
邯郸逆旅的枕头上
一个幽暗的短梦
使我尝尽了一生的哀乐。
听惊怯的梦的门户远闭，
留下长长的冷夜凝结在地壳上。

地壳早已僵死了，
仅存几条微颤的动脉，
间或，远远的铁轨的震动。

逃呵，逃到更荒凉的城中，
黄昏上废圮的城堞远望，
更加局促于这北方的天地。
说是平地里一声雷响，
泰山：缠上云雾间的十八盘
也像是绝望的姿势，绝望的叫喊。
（受了谁的诅咒，谁的魔法！）

望不见海上的三神山……
悲世界如此狭小又逃回
这古城。风又吹湖冰成水。
长夏里古柏树下
又有人围着桌子喝茶。

选自《何其芳诗文掇英》

1937年的古北口长城

清平乐·六盘山①

近代·毛泽东

天高云淡，望断南飞雁。
不到长城非好汉，屈指行程二万。
六盘山上高峰，红旗漫卷西风。
今日长缨在手，何时缚住苍龙？

选自《毛泽东诗词选》

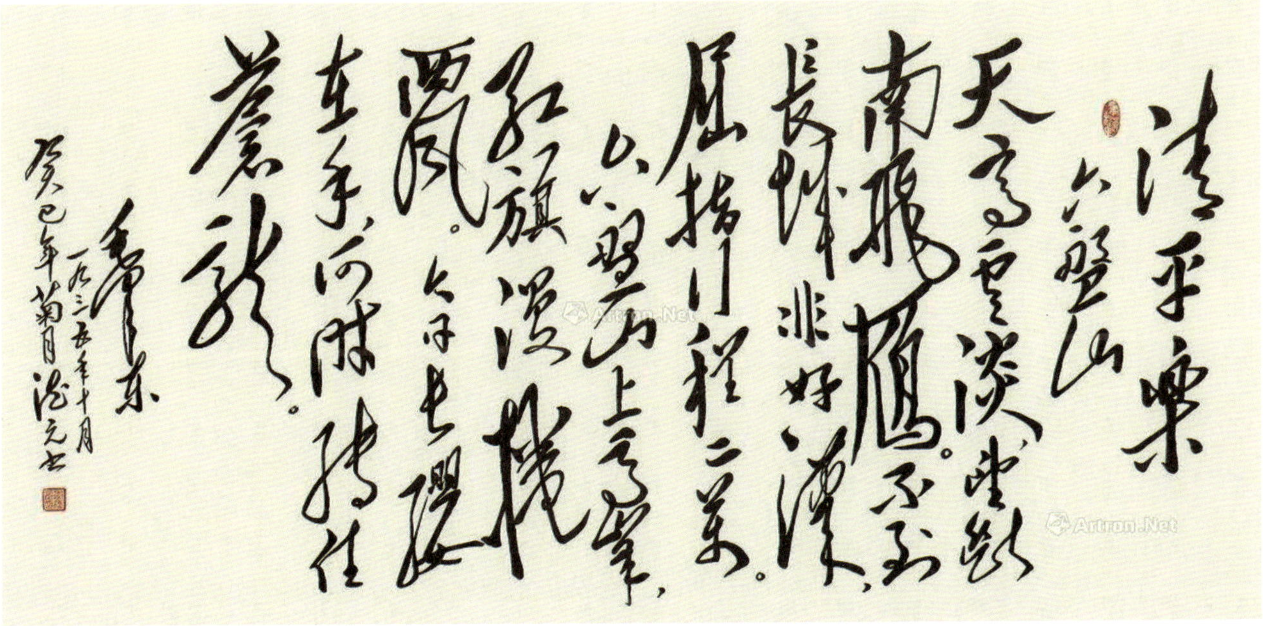

毛泽东手迹《清平乐·六盘山》

①清平乐：词牌名。六盘山：在今宁夏回族自治区南部。这首词是毛泽东在红军长征途中填写的，词中借景抒情，表现红军将士的豪情壮志，洋溢着对革命胜利的坚定信念。词中“不到长城非好汉”一句被广为传诵。

沁园春·雪①

近代•毛泽东

北国风光，千里冰封，万里雪飘。
望长城内外，惟余莽莽；
大河上下，顿失滔滔。
山舞银蛇，原驰蜡象，
欲与天公试比高。
须晴日，看红装素裹，分外妖娆。
江山如此多娇，引无数英雄竞折腰。
惜秦皇汉武，略输文采；
唐宗宋祖，稍逊风骚。
一代天骄，成吉思汗，
只识弯弓射大雕。
俱往矣，数风流人物，还看今朝。

选自《毛泽东诗词选》

①沁园春：词牌名。这首词为毛泽东作于红一方面军1936年2月由陕北准备东渡黄河进入山西西部时。上阕写景，描绘雪天北半个中国的壮丽景色；下阕写史，勾勒出中国几千年的历史概貌，抒发博大胸怀。

血肉的长城

近代•郭沫若

爱国是国民人人所应有的责任，
人人都应该竭尽自己的精诚，
更何况国家临到了危急存亡时分。
我们的国家目前遇着了横暴的强寇，
接连地吞蚀了我们的冀北、热河、满洲，
我们不把全部的失地收回，誓不罢手。
有人嘲笑我们是以戎克和铁舰敌对，
然而我们的戎克是充满着士气鱼雷，
我们要把敌人的舰队全盘炸毁。
有人患了恐日病，以为日寇太强，
我们的军备无论如何是比它不上，
然而淞沪抗战的结果请看怎样？
我们并不怯懦，也并不想骄矜，
然而我们相信，我们终要战胜敌人，
我们要以血以肉新筑一座万里长城！

古 长 城

近代·李瑛

夕阳铺起了暗淡的思绪，
向枯草探询昔日的故事，
城堡下有白骨诉说哀怨，
墙堞间涂满褪色的记忆。
血和泪叠着历史的册页，
砖垣上印着苦楚的图案，
聆一阵月落胡马的悲嘶，
怕明天会有凄楚的风雨。

选自《万里长城诗选》

六州歌头·居庸长城

现代·叶恭绰

神州极目，今古几长城？
居庸塞，联榆蓟，卫燕京，控龙庭，恃作华夷限。
巢蜂蝶，穴狐兔，容蛇豕，争蛮触，混膻腥，锁钥重溟，洞启百年史，国耻充盈。
更蓬莱左股，历劫剩枯枰。
万里回萦，竟何成！

况烟熛怒，飙轮迅，艨艟巨，幡旗精。
高空制，后方战，合纵争，百侵凌。
人类浑奚罪，相奔进，赴秦坑。
山河险，坛坫约，总难凭。
何日町畦，尽泯兵革息，长庆由庚。
尽边墙成垒，开辟付农耕，春满藩屏。

选自《万里长城诗选》

嘉峪关

现代·朱德

1958年7月15日到玉门，途经嘉峪关。

长城万里尽西头，
嘉峪关高耸戍楼。
铁道将通葱岭下，
弟兄携手建神州。

选自《万里长城诗选》

过娘子关

现代·郭沫若

娘子关头悬瀑布，飞腾入谷化潜龙。
莽莽大野银锄阵，叠叠重山铁轨通[①]。
回顾陡惊溶碧玉，倒流将见吸长虹[②]。
坡田二十六万亩，跨过长江待望中[③]。

选自《万里长城诗选》

①银锄阵、铁轨通：形容人民改天换地的景象和石太铁路通车的建设成就。
②倒流将见吸长虹：指利用虹吸原理兴修水利工程。
③跨过长江：指希望粮食产量超过江南。

张家口赞

现代·箫三

瞬息卅三年，三入张家口。
道路多荆棘，往事不回首。
如今建设新，一扫腐与朽！
思想大解放，人人显身手。
人民专家多，专家不怕“土”。
劈山削悬崖，石头变豆腐。
引水成库渠，蛟龙也贴服。
花果堆成山，粮米满仓库。
马羊遍草地，铁水直流注。
工农业并举，白穷变文富。
行见山山出乌金，
县县置高炉。
家家户户点灯亮，
人人读书钻技术。
塞上歌声冲霄汉，
蒙汉回民齐起舞。
长城内外风景好，建成塞北新专区。
压倒欧风和美丽，干劲足来信心足！

选自《箫山诗选》

长城四时词

现代·赵朴初

叹画图百态又千姿，如此古长城，
尽春秋冬夏，星移物换，不改峥嵘。
最是春花铺锦，夏绿叠云。
展向天边去，神往青冥。
漫道红衰绿翠减，爱丹林浓染，秋色澄清。
更冬来茫茫雪岭，玉龙腾春，风光尽收方寸。
望关山无限古今情，凭交付几行征雁，万种心声。

选自《北京的长城》

长 城 词

现代·陈毅

一

八达岭上望天渺，长城逶迤万峰小，如此江山多美好。
革命真有千般巧，各族人民团结了，瀚海戈壁将变宝。

二

此地屡见血殷红，登临凭吊感慨中，阴霾尽消见碧空。
青山到处有牧童，羊群卷地白蒙蒙，听他歌唱《东方红》。

选自《陈毅诗词选集》

长城之歌

现代·肖华

巍峨铁壁横跨在北国的原野，
蜿蜒巨龙雄踞在世界的东方。
你是举世闻名的伟大奇迹，
你是文明古国的壮丽风光。
啊，长城，
你目睹过多少硝烟烽火，
你身历过漫长的苦难风霜。
天安门的礼炮使你从黑夜中苏醒，
鲜艳的五星红旗使你焕发出新的容光；
毛泽东诗篇为你留下千古绝唱，
邓小平题词给你披上时代新装。
爱我中华，修我长城；
振兴中华，奋发图强。
炎黄子孙学习你的伟大气魄，
万众一心把四化大业开创。
我们为长城的新生，为祖国的繁荣，
永远歌唱，永远歌唱！

选自《铁流之歌——肖华诗选》

抗战年代的喜峰口长城

登长城最高处

现代·王力

老翁忽发少年狂，要把长城好汉当。
历井扪参惊碧眼①，拏云挹翠俯高冈②。
秦皇雄略留墙堞，李广威名震朔方。
当代更多檀道济③，边防今有健儿郎。

选自《万里长城诗选》

嘉峪关即景

现代·常任侠

嘉峪关前落日圆，茫茫戈壁少人烟。
地平一线平如荠，夜宿长城古道边。

灌田水自雪山下，戈壁光从云隙来。
金色残阳偎远树，朱霞天半起楼台。

选自《万里长城诗选》

①历井扪参：语出李白《蜀道难》诗："扪参历井仰胁息"。参、井，均为星宿名。这里指山势高峻，道路险阻。
②拏：拿。
③檀道济：南朝宋时人，伐北魏有功，曾自比万里长城。这里借喻边防将士。

浣溪沙·山海关

现代·郭化若

百战关河一望收，
山川人往恨空留，
惟余古炮旧城头。

关上市廛人攘攘[1]，
关前果树碧油油，
渐添新色古雄州[2]。

选自《万里长城诗选》

山海关老龙头

现代·罗哲文

长龙拔地起临洮，越过千山万岭遥。
直下燕山连险塞，飞奔宁海逐惊涛。
环球众说称奇迹，宇宙航观见峻标。
秦皇明祖今安在，唯有民功永不凋。

选自《神州行吟草——罗哲文诗词摄影选集》

①市廛：市曹，商肆集中的地方。
②雄州：大州，形势险要之地。

气势磅礴的老龙头入海长城

长城抒怀

现代•罗哲文

三十余年蓄意豪，几从东海过临洮。
累登九镇三关险，踏遍长城万里遥。

选自《神州行吟草——罗哲文诗词摄影选集》

长城谣

现代•孙轶青

万里长城万里珍，雄姿如岱气萧森。
星空遥望超群象，好汉争来访此君。

咏山海关

现代•魏传统

山连海，海依山，
老龙头伸渤海湾。
千军饮马挥戈地，
万里长城第一关。
燕塞湖照明如镜，
悬阳洞窥别有天。
万国衣冠络绎来，
独好风光在这边。

选自《经济日报》

爱我中华 修我长城

现代·杨植霖

爱我中华，
中华自古是我的家。
修我长城，
张我民族好气魄。
中华的家珍人人夸，
发明创造多如麻。
科技早开花，
文化结彩霞。
古国荣光照华夏，
而今又迈新步代。

爱我中华，
中华地大又物博。
修我长城，
高瞻远瞩向天涯。
渤海升腾瀚海落，
迢迢万里披金甲。
遍地有军营，
威武镇中华。
不管谁来想侵夺，
头破血流败回家。

爱我中华，
改天换地传家法。
修我长城，
学我稀世建筑学。
一堵城墙修万里，
世界只有我一家。
前人打甚础，

后人承大业。
一代一代添砖瓦，
一砖一瓦为安乐。

爱我中华，
中华力大撼山岳。
修我长城，
二千年雄姿再挺拔。
勤修勤建不停歇，
谷底山顶任跋涉。
加高又展阔，
耗费难计价。
地动山摇屋倾斜，
天塌长城也不垮。

爱我中华，
天来大事能担承。
修我长城，
严寒酷暑不动情。
城堡楼台要塞群，
越山过水如乘风。
巍巍坐山峰，
高高望远近。
召唤热血尽沸腾，
激动亿万赤子心。

爱我中华，
中华是民族大家庭。
修我长城，
长城是团结见证人。
交往融合早形成，
平等互助传到今。
再不有隔阂，

永远要相亲。
长城像一条万能绳，
连接各民族成一人。

爱我中华，
发扬中华好传统。
修我长城，
重振毅力发豪情。
荒山僻野兴工程，
保国卫民有信心。
要当好子孙，
快去修长城。
点缀江山争效命，
传宗接代讲教训。

爱我中华，
中华儿女图振兴。
修我长城，
去我残缺旧面容。
复苏不可慢腾腾，
举步昂首应急行。
人民做主人，
天下能升平。
祖国大地正回春，
无限风光更催程。

爱我中华，
发扬光大都有份。
修我长城，
长城学里有真经。
干戈不再内扰民，
玉锦丰碑树当今。
兴起民族魂，

筑成新长城。
百尺高竿登顶峰。
为建四化献心身。

爱我中华，
扬眉吐气象腾龙。
修我长城，
接力精神示后人。
唱罢中华唱长城，
千古豪情奋全民。
长城永站立，
中华更振兴。
修我长城有威风，
爱我中华气势雄。

选自《嘉峪关报》

长城碑林

雄关雪霁图

京东首关九门口长城

丙戌冬

（任德美 绘）

临江仙·登八达岭长城

现代·万立丰

不上长城非好汉，岂辞坡陡梯环？山河表里灿斑斑。千秋遗胜迹，万国发惊叹。

大隧车穿南北贯，翩迁凤舞龙蟠，促成四化运输宽。秋高羊硕壮，牧野有奇观。

选自《万里长城诗选》

雄关巍峨立险峰（马卫庆 摄）

长城行

现代•王定国

地下寝宫天外楼，长城内外望中收。
山山化绿从人愿，花果迷离乱我眸。

再次登临山海关，古城新生万众欢。
九州滋润群峰翠，修我长城更壮观。

选自《后乐先忧斯世事》

长城二章

现代•刘光涛

一

抗敌长城血成河，毕竟燕赵男儿多。
萧瑟秋风今又是，千帆鲸奋齐改革。

二

秦皇逝去长城在，千秋功过任评说。
何需重寻姜女梦，且看四化蓝图多。

选自《将帅诗词选》

长城二首

现代·臧克家

你是一条万里宝带，
束在中华大地的腰肢，
猛然你把身子竖立，
成为巍巍登天的天梯！
你把一个又一个山头，
紧紧地连结在一起，
你是鼓舞奋发的宏图，
装在亿万人民的心里。

二

你是一个雄心的外延，
你是辉煌历史的见证，
人的创造力胜过鬼斧神工，
试问，人间何事是不可能？
你威严而崇高的形象，
使仰望的人们感到压力；
在航天人员俯视的眼中，
你像一条掣不断的柔丝。
山岩是你躯体的骨络，
雄关是你炯炯的双眼，
你用身子作一道屏障，
阻住从北边吹来的风寒。
你是世界文化的曙光，
你是中华民族智力的结晶，
长城，一个伟大神奇的存在，
一个万古不朽的精灵。

选自《人民日报》

天下第一关

现代·王亚平

一个民族形式的关楼，
巍然矗立在城堡之上。
“天下第一关”巨型匾额，
丈把长字迹闪闪发着幽光。
扬眉含笑的中外游人，
谁不感激胜地古迹的新开放！

我自己十年困顿，十年浩劫，
二十年冷漠寒噤的岁月，
一旦扔掉背上包袱，
感到生之甜蜜，心灵之舒畅！
我起劲儿登上雄关，
倍觉自由可贵，山高水长。

站在关楼四下了望，
望不尽天苍苍野茫茫，
谁不羡祖国的伟大富饶，
幸福地居住在这美好的地方！
心里想歌唱也想飞翔，
只差没有好嗓子，没有生翅膀。

我倾听沧海午潮初涨，
吼啸声震动着山林田庄。
堪羡古人雄心豪壮，东观沧海，
跑死多少战马，勒断多少马缰？
我们今日朝发午至，
还备好了游车餐厅和住房。

长城西行万里，
宛似青龙踌越原野林岗，
凭依着地势山险，
耗尽了亿万人民力量，
才使这巧夺天工、雄震世界的建筑，
成为人类向往赞美的形象。
站在关楼有翩跹的浮想：
“一人守关，万夫莫当！”
这只是封建帝王的奇思妙想。
为子孙世代当皇帝，
不惜驱万民入水火，到暑天雪地，
建造这万里城堡的北方屏障。
直弄得多少工伕远别亲人，
多少工伕永离心爱的家乡，
多少人尸骨葬在长城下，
多少荒冢默对着冷空的夕阳？
一代代修建这个伟大长城，
谁见到抗击入侵者的铁骑刀枪？
任帝王有鬼斧神工，奇思妙想，
也难以把长城修到天河旁！
——只能使河山破碎，人民遭殃。
只有当家做主的人民，
才能真正发挥无穷的智慧和力量，
让人造卫星在银河里歌唱……
觉醒的人民大众的力量，
大过风暴，大过汹涌的海洋，
以比修长城更大的决心和毅力，
把祖国建设得无比富强！
让中华民族自立于世界之林，
实现我们梦寐以求的美好愿望！

选自《王亚平诗选》

西出阳关

现代·郭小川

一

声声咽哟，
声声紧，
风沙好像还在怨恨西行的人；
重重山哟，
重重云，
阳关好像有意不开门。
莫提起呀——
周穆王、汉使臣……，
他们怎会是边风塞曲的真知音？
莫提起呀——
唐诗人、清配军……，
他们岂肯与天涯地角共一心？
风砂呵风砂，
只望你不把今人当古人！
你看我们是哪个阶级、谁挂帅印？
阳关呵阳关，
只望你不要颠倒了古今！
你看此时是哪个朝代，谁掌乾坤？
肋生翅哟，
脚生云，
不出阳关不甘心！
血如沸哟，
心如焚，
誓到阳关以外献终身！
何必“劝君更进一杯酒”！
再会吧，乡亲！
哪里的好酒不芬芳？
什么“西出阳关无故人”！

历史上的河西要塞阳关遗址

再会吧，乡亲！
哪里不一样度过战斗的青春？

二

未出阳关，
以为阳关会把我们怨；
临近阳关，
以为阳关会把我们拦；
出了阳关，
才知阳关以外最把我们盼。
千顷荒坡，
万顷石滩，
没有人烟它想念人烟；
千顷草地，
万顷沙原，
不是良田它愿作良田。
睡了万载，
梦了千年，
它竟把海市蜃楼当成世上桃源；
躺了万载，
醉了千年，
它竟把驼峰雁翅当成塞上风帆。
太阳干呀，
风声也干，
只因它盼亲人把泪眼望穿；
老天旱呀，
流云也旱，
只因它想亲人把心血流完。
何必“劝君更进一杯酒”！
这广阔的戈壁滩，
哪里挖不出酒泉？
什么“西出阳关无故人”！
这无边的大草原，

不就是故人的心田！

三

未出阳关，
曾见白草森森接山林；
刚出阳关，
又见平沙莽莽黄入云；
远出阳关，
才知阳关以外也有江南春。
渠道网哟，
如条条白锦，
给绿洲织上了好看的花纹；
坎儿井哟，
如颗颗银针，
把荒野缝成了暖人的被衾。
地上的绵羊呀，
空中的白云，
与棉田的波浪一起翻滚；
地上的电灯呀，
空中的星群，
与天山的雪花一道飞奔。
骑驴的维吾尔农妇哟，
跨马的哈萨克牧民，
你们何时成了这里的主人？
支援边疆的青年，
修建铁路的大军，
你们何时到这里生了根？
都是毛主席的战士，
都是一个阶级的人，
不识你们的面也识你们的心；
都在一条道上走，
都向一个目标走，
不知你们的姓名也知你们的功勋。

何必“劝君更进一杯酒”！
同志的情谊，
比什么好酒都更暖人心；
什么“西出阳关无故人”！
阶级的友爱，
能使生人和故人一样亲。

四

刚出阳关，
老远不见亲人面；
出了阳关向前走，
就同生人结下生死缘；
背朝阳关再西进，
又见二十年的故人创建好江山。
公路网哟，
如条条长练，
给绿洲镶上了道道金边；
水库群哟，
如串串珠环，
把荒野织成了顶顶花冠。
几百里林带呀，
几百亩条田，
好像翠玉栏杆围绕在天湖四面；
几千丈冰峰呀，
几千顷绿原，
好像水晶宫殿突起在大海中间。
延河的好水哟，
南泥湾的肥田，
你们何时移到天山？
雁门的豪气哟，
五台山的烽烟，
你们为何又在建设边疆时重现？
不用介绍呀，

不用寒暄，
听见呼吸声就知道你过去在哪团；
不用施礼呀，
不用祝愿，
让我们同在天山南北再战他一百年！
何必“劝君更进一杯酒”！
这里的酒太香太甜，
小心喝醉了误了长谈；
什么“西出阳关无故人”！
这里的故人成千上万，
只怕你们的拳头敲酸我的双肩。

五

声声切哟，
声声紧，
阳关外的风砂呼唤着西行的人；
红红的太阳哟，
红红的彩云，
高高的阳关变成了凯旋门。
来吧，
祖国的新人！
在这里咱们的前程似锦；
来吧，
革命的新军！
在这里咱们的红旗如林。
远年的暴君呀，
近年的恶棍，
没有留下影子只留下仇恨；
远处的强盗呀，
近处的奸人，
没吓飞尸骨也要吓掉了灵魂。
故人情谊深哟，
生人情意殷，

没有人烟的地方等着种谷人；
老村有花地哟，
新村有林荫，
没有花木的地方有热烈的心。
何必“劝君更进一杯酒”！
这样的苦酒何须进！
且请把它还给古诗人！
什么“西出阳关无故人”！
这样的诗句不必吟，
且请把它埋进黄沙百尺深！

登天下第一关

现代·邹荻帆

山的起点
海的边缘
屹立着我们的
历史的风骚
听山呼
察海啸
天下第一关
一声霹雳
不准走绿林响马
汪洋大盗
城楼有千个窗口
让白鸽如同鱼群穿流
把牡丹向城外掷抛
也有强弓硬弩
使敌骑闻风丧胆
雪夜遁逃
女墙上罗列旌旗
为朋友船
鸣放礼炮
也喝令敌船止步
犯我者葬身波涛
天下第一关
历史的青铜像
劳动者手创的大浮雕
这是我们祖先迈步的起点
万里长城
仿佛万匹红鬃烈马
在山水间奔腾嘶叫
啊，望山，山高

新树林应成长于一切山坳
望海，海绿
后浪应比前浪高
崭新的
我心目中的天下第一关啊
应该
创造

选自《邹荻帆抒情诗》

两京锁钥无双地 万里长城第一关

嘉峪关西望

——一个传说

现代•李瑛

嘉峪关外荒草离离，
嘉峪关外满眼戈壁，
老人日夜守候在关前，
望一眼如海的沙碛一声叹息。
漠风吹乱了老人的白发，
他在沉默里眨一眨眼皮，
满怀挚诚地告诫年轻人：
“不要出去，不要出去！”
那时候，戈壁是死海长城是堤，
一步跨出去就杳无归期；
层层砾石，埋下发多少老死的爱情，
漫天风雪，湮没多少凌云壮志！
如今我来嘉峪关，
却只见漫野卷红旗，
戈壁滩上竖钻井，
祁连山下挖水渠。
一座座工厂牵一排排铁塔，
一列列火车载一片片城区。
迎雄风再觅那善良的老人，
空拾得几蓬白草，几段残壁！

选自《李瑛抒情诗选》

塞上行

长城的提问

——登长城有感

现代•张志民

称得上
——“不朽！”
担得起
——“壮观！”
哪里是什么
“边关要塞”，
分明是——
祖先留给我们的
一笔巨大的
——财产。

长城呵！
你吸引了
整个世界的眼睛，
多少人
万里而来，
只为看一看
你的容颜。

作为长城的
——主人，
我脸上——
为你感到骄傲，
但作为长城的
——子孙，
又使我感到不安。

每次站在这里，
我都听到
长城的提问：
几千年了
难道你们只满足于
对老祖宗的
——赞叹……

选自张志民《祖国，我对你说》

八达岭上放歌

现代·公刘

你们好哇，照耀着万里长城的日、月、星宿，
我来问你们，你们可曾见过，可曾听说，
世上还有谁，能有这么雄大的气魄？
衔土垒石，挡住敌人的牧马，保住自己的阡陌！
我骄傲，因为我属于这个岸然屹立的古老的种族，
我骄傲，因为这个种族又向人类披示了新的蓝图！
尊敬的祖先哟，让我们超越时间和空间，挽起胳膊，
为人民和平生活的守护者，在八达岭上放歌……

选自《山水诗歌鉴赏辞典》

满目苍翠八达岭

登 长 城

——慕田峪段

现代·余光中

东尽沧海，西走天涯
迢迢两千多公里的边愁啊难道
就凭这无情的花岗石砖
长方形的乡心沉沉甸甸
一块又一块接了又叠
这么斜而又陡地砌起来么？
砌城的手啊，多茧的，早已放手
守城的眼呢，少寐的，也已瞑目
不知道当年戍卒的朝朝，暮暮
是逆风北眺狼烟的边警？
是回首南顾梦里的闺情？
只知道再长的城墙，再厚的砖
挡得住胡马挡不住流年
不再是边关远寨了，不再
是盔甲对抗弩箭的战争
纵雉堞严整，那许多前朝旧代
两千年的患得患失，统统
从垛口的缺口无奈地流去
只留下了你，烽火寂寂，戍楼空空
仍蟠在万山的脊上，一条
飞不走游不去的古龙
一面奇长无比的巨碑，见证
我祖先的忧患和辛苦，多少血泪
纪念那许多守将与边卒
倚也倚不断千里的栏杆
磨也磨不穿顽固的狱壁
只留下这一条拉链的神奇
从战国的那头锁到现今

“买一件纪念品吧，”那小贩
蹲在墙角招呼着游客
招呼白发登城的我
“不用了，”我应他以苦笑
凭历劫不磨的石砖起誓
我不是匆匆的游客，是归魂
正沿着高低回转的山势
归来寻我的命之脉，梦之根
只为四十年，不，三千里的离恨
比屈原更远，苏武更长
这一块一块专疗的古方
只一帖便愈

选自《中国当代名诗人选集·余光中》

花海拥抱慕田峪长城

长　城

现代·晓雪

看见长城就看见中国，
谈起中国就想到长城，
规划你的是中国第一个皇帝；
创造你的是古代伟大的人民。
你是悠久的历史文化的标志，
更是一种精神和力量的象征。
全世界和外星人都注视着你，
赞叹人类的骄傲、东方的文明。
为什么要鄙弃传统、咒骂祖先的光荣？
长城能不断给我们新的激励和振奋！
“用我们的血肉筑成我们新的长城”，
新中国又向更宏伟的目标奋勇攀登！

选自《光明日报》

登八达岭

现代·查干

登上八达岭
我并没有冲昏头脑
只是有一种虔诚的自豪
是山把我举得这么高
是的、是的
不是我高
是山高
在巍峨的八达岭头
我不过是一棵小草
俯瞰苍茫云海间

八达岭北山（［美］威廉·林赛 摄）

飞翔的鹰那么小
但因为它的活力
众山变得更加娇娆
动与静
大与小
多么生动的比较
这是我寻找的答案
大自然的回答有多妙
没有巍峨的高山
小草永不会站得那么高
在人民这座大山面前
人人应该告诫自己
我是一棵草
我是一棵小草

选自《新诗选（1981）》

长城谣

现代·席慕容

尽管城上城下争战了一部历史
尽管夺了焉支又还了焉支
多少个隘口有多少次悲欢啊
你永远是个无情的建筑
蹲踞在荒莽的山巅
冷眼看人间恩怨
为什么唱你时总不能成声
写你不能成篇
而一提起你便有烈火焚起
火中有你万里的躯体
有你千年的面容
有你的云 你的树 你的风

敕勒川 阴山下
今宵月色应如水
而黄河今夜仍然要从你身旁流过
流进我不眠的梦中

选自《中国新诗鉴赏大辞典》

我与长城合影

现代·梁志宏

我站在城堡一角
选取这个如意的位置
我的背后，景深很深很深
蜿蜒着巨龙般雄踞的城堡
蜿蜒着古国数千载
民族融合的骄傲
寇蹄践踏的悲屈
蜿蜒着一幕幕
冷峻而清醒的历史
我的身边，画面开阔
汇涌着一方斑斓的现实
那生机勃发的
群楼、花树、旅游车队
那腾跳着颗颗中国心的
健步欲飞的白发老者
抚城远眺的海外游子
雕塑般沉思的少女
连同投递友谊也寻觅友谊的
浅蓝色淡黄色的眸子
我就选取这个位置
与长城合影
请把我嵌入长城一角雉堞

请把我熔入神州这片疆域
与民族的荣辱命运铸在一起
我将因此而富有
而成熟 充实
长城呵，也将
由于我的铸合我们的铸合
成为真正的不朽的长城
——有血有肉，有胆有识。

选自《中国新诗鉴赏大辞典》

长城行

现代·吴德玉

从山海关走到嘉峪关，
我的脚，就是尺子。
踱量古老的城垣悠悠的岁月，
踱量漫长的历史远去的烟尘。
到处是盘旋的雄鹰和山鸽，
到处是吃草的牛羊和驼群，
在大墙两侧燃烧的枫林中，
又萦绕着多少英烈的忠魂？
到处是难舍难离的神奇的村庄，
到处是辈辈辛劳的淳朴的人们，
多少次告别时眼含热泪，
多少次邂逅时激动难眠。
再见了，窑洞土层，太行麓盛情的大嫂，
再见了，戈壁星月，黄河畔歌唱的水车；
我将背着塞满旅途风尘的背囊，
回到我久别的故乡去！

选自《〈诗神〉折叠系列诗丛·长城涂鸦》

万里长城，寄托着多少华夏子孙的故国深情（任德美 摄）

后记

这是我第五次整理编选中国长城诗歌了。

早在上世纪的1985年，在魏传统、王定国、罗哲文、侯仁之等老红军、老专家筹建中国长城学会时，筹备小组决定由我起草《建立“中国长城学会”倡议书》，并负责编辑《万里长城》宣传画册和《历代长城诗选》。

我在完成了前两项任务后，便开始编撰《历代长城诗选》。当时除查阅如《乐府诗集》《全唐诗》《明诗选》《清诗选》等历史诗集外，还看了如《山海关志》《西关志》《宁夏新志》《畿辅通志》等载有长城诗的各种方志以及一些边塞诗人的诗集。

我把我所收集选注的长城诗定为狭义的长城诗，即所选的诗作在题目上即是长城、长城关隘、长城建筑、长城风景及内容是专门描写长城的建筑与故事的，并在注释上突出长城的历史及作者与长城的关系，以便能更集中更系统地反映长城的历史容貌和风韵。

该诗选集在15年后冠《长城古诗二百首》的书名由中国文联出版社出版。

在筹措《长城古诗二百首》出版期间，我参与了由吉林人民出版社组织的《长城百科全书》的编撰工作，担任文化艺术分支主编，对长城诗做了又一番选注工作。

其后，便是参与了时长8年的《中国长城志》的编撰工作。作为文学艺术卷主编，其中的长城诗歌仍由自己编撰。与以往不同的是，这次编撰增加了许多现代当代诗。

公元2012年，《长城永恒——中国历代经典长城诗选编》一书由“老兵方阵”系列活动组委会组织编写，编委会约我选编诗文，并为该书作“壮美长城诗”序言。

今天，燕山大学出版社推出《中华血脉——长城文学艺术》一书，其中的《长城诗歌》分册邀我编著。在一次次地对长城古今诗歌作选编注释的过程中，对长城和长城文化的认识自然不断深化，我曾在2005年8月由中国文史出版社出版的《中国长城》和2010年12月由新星出版社出版的《长城》（中国名片丛书）两本书中都提到：“在人类社会进入21世纪，信息全球化的浪潮席卷而来的今天，长城所显示的文化和象征意义日益昭彰。长城已不仅是中华民族的象征，地球和平的象征，全人类都将从这份宝贵的文化遗产中得到益处。”“中国长城永不倒，中华民族将永远屹立于世界民族之林。万里长城永不倒，长城所显示的人的创造能力和人文精神将永放夺目之光彩。”

这种认识，也是我想再次与读者分享的。

编辑长城诗歌多了，我也想抒发一下自己对中国长城的认识和感知，作“万里长城歌”以记之：

壮伟哉，
君不见长城撼海腾山越河又驰沙，
万里飞奔在中华。
君不见长城巍峨屹立二千五百载，
彰显文明耀天下。
长城始筑春秋季，
各国互防边城忙。
嬴秦求仙知防胡，
蒙公营筑接万里。
汉家天子誓远诛，
烽堠联络沙海西。
北朝君王本鲜卑，
为御柔然筑墙急。
隋皇挖河又筑墙，
役重迫民举义旗。
唐帝虽重征戍将，
北边亦起受降城。
宋家重文欲偃武，
西狩将士忙修堞。
全国起城名界壕，
为御蒙古趋万里。
蒙元拓疆跨亚欧，
长城内外任骋驰。
明复中华驱北骑，
广筑边墙为国策。
创建九边十三镇，
更开马市通交流。
清朝一统广员幅，
不修边墙唱德治。
自古长城非国界，
只为防扰一堵墙。
变化两边聚各族，
内外都是中国人。
不期海外原倭寇，
悍然入侵我神州。
长城抗战激民魄，
长城化成中华魂。
回望祖先筑城业，
牺牲无数忆永存。
借用故事孟姜女，
弘扬中华人文神。
而今地球成一村，
人类文明标长城。
伟墙一名重天下，
四海宾朋争攀临。
吁嘻哉，
长城万里捍和平，
千秋万代崇太平。

孙志升
2018 年重阳